世界名枪全鉴 突击步枪

珍藏版 第2版

李晋远 等编著

机械工业出版社
CHINA MACHINE PRESS

本书对突击步枪进行了较为详细的介绍，首先从突击步枪的发展史和基本知识入手，分别介绍了突击步枪的发展历程和相关知识（例如口径、弹药、枪管、瞄具、榴弹发射器等），总结了当今突击步枪的现状和发展趋势，然后分别介绍了在世界上有一定影响力的突击步枪产品，包括一些经典突击步枪和当今最为先进、性能最优异的突击步枪系列。这一部分内容是本书的最大亮点，不仅介绍详细（例如突击步枪的活塞、导气装置等一些内部构造），而且精心制作了效果图，让大家在了解枪械的同时，还能掌握一些枪械结构特征的知识，这对于喜欢枪械的军迷朋友无疑是一个好的学习渠道。

本书适合广大的军事爱好者作为科普类读物阅读和参考。

图书在版编目（CIP）数据

世界名枪全鉴：突击步枪（珍藏版）/李晋远等编著. —2版.
—北京：机械工业出版社，2014.11（2025.11重印）
ISBN 978-7-111-49588-8

Ⅰ. ①世… Ⅱ. ①李… Ⅲ. ①步枪—介绍—世界 Ⅳ. ①E922.1

中国版本图书馆CIP数据核字（2015）第047435号

机械工业出版社（北京市百万庄大街22号　邮政编码100037）
策划编辑：杨　源　责任编辑：杨　源
责任印制：邰　敏　责任校对：杨　源
河北虎彩印刷有限公司印刷
2025年11月第2版第11次印刷
184mm×260mm·11.75印张·320千字
标准书号：ISBN 978-7-111-49588-8
定价：69.80元

电话服务　　　　　　网络服务
客服电话：010-88361066　机　工　官　网：www.cmpbook.com
　　　　　010-88379833　机　工　官　博：weibo.com/cmp1952
　　　　　010-68326294　金　书　网：www.golden-book.com
封底无防伪标均为盗版　机工教育服务网：www.cmpedu.com

前　言

本书内容含量大，所介绍的每一种突击步枪都配有精心筛选的效果图，还提供其配件展示图和局部细节图，而且都配有详细的文字说明，让军迷朋友能够更为直观地了解每一种突击步枪的构造和结构，并欣赏到军事枪械的精美图片，可谓图文并茂。本书中的突击步枪的型号、功能和样式比较全面，例如 AK-47 突击步枪以及 AK 枪族、造型独特的 APS 水下突击步枪、柯尔特的 M16 枪族等。书中内容以及各项参数均来源于各国已公开的军事文档，数据也全部基于国外权威军事杂志，在编写过程中编者尽最大的努力让内容更符合客观事实，以便于读者阅读和参考。如此全面的突击步枪介绍，相信会帮助广大的军迷朋友们更为详细和全面地了解突击步枪知识。

参与本书编写工作的人员包括母春航、吕昊、张蜜蜜、李晋远、葛伟然、母秋华、赵鑫、尤媛、吴宝辉、齐雪霏、刘红伟、王萌、王敏、高雅、邰树文、任安兰、姚苇、孙松、徐博文。

Contents · 目录

前言

第1章 步枪基础知识

突击步枪简介	2
突击步枪基本结构示意图	11
突击步枪配件模块	11
枪体内部结构	12
枪械的弹药	13
突击步枪的相关配备	14
突击步枪的其他组件	16

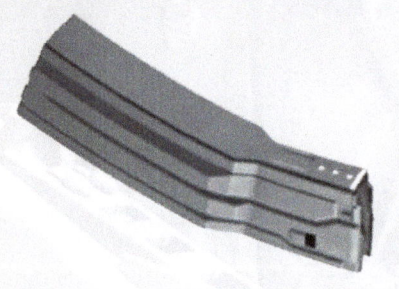

第2章 世界知名突击步枪

1	AUG 突击步枪	18
2	斯太尔 ACR 突击步枪	20
3	F2000 突击步枪	22
4	FAL 突击步枪	24
5	SCAR 突击步枪	26
6	FNC 突击步枪	28
7	罗宾逊 XCR 突击步枪	30
8	G3 突击步枪	32
9	G36 突击步枪	34
10	G41 突击步枪	36
11	HK33 突击步枪	38
12	HK416 突击步枪	40

13	HK417 突击步枪	42
14	海白尔 KH2002 突击步枪	44
15	MP7 个人防卫武器	46
16	SL8 运动步枪	48
17	UMP45 突击步枪	50
18	A-91M 突击步枪	52
19	AK-47 突击步枪	54
20	AK-74 突击步枪	56
21	AK-74M 突击步枪	58
22	AK-105 突击步枪	60
23	AK-200 突击步枪	62
24	AKM 突击步枪	64
25	AN-94 突击步枪	66
26	APS 水下突击步枪	68
27	AEK-971 突击步枪	70
28	AS VAL 特种突击步枪	72
29	巴雷特 REC7 突击步枪	74
30	FAMAS 突击步枪	76
31	瓦尔梅特 RK.62 突击步枪	78
32	瓦尔梅特 M82 突击步枪	80
33	K11 多用途突击步枪	82
34	SAMPOL VZ.58 突击步枪	84
35	CZ 805 BREN A 突击步枪	86
36	M16 突击步枪	88
37	M16A4 突击步枪	90
38	M4 突击步枪	92
39	M14 突击步枪	94
40	雷明顿 ACR 突击步枪	96
41	SOPMOD M4 突击步枪	98
42	斯通纳 63A 突击步枪	100
43	CR-21 突击步枪	102
44	MK S 突击步枪	104
45	Magpul PDR 突击步枪	106
46	SG 550 突击步枪	108
47	SG 552 突击步枪	110
48	SIG 556 突击步枪	112
49	STGW.57 突击步枪	114
50	VEPR 突击步枪	116
51	Zastava M90 突击步枪	118
52	Zastava M70 突击步枪	120

53	SAR-21 突击步枪	122
54	加利尔 MAR 突击步枪	124
55	塔沃尔 TAR-21 突击步枪	126
56	HEZI SM-1 个人防卫武器	128
57	AR-70/223 突击步枪	130
58	AR-70/90 突击步枪	132
59	ARX-160 突击步枪	134
60	BM59 突击步枪	136
61	CX4 STORM 突击步枪	138
62	RX4 STORM 突击步枪	140
63	L85 A1 突击步枪	142
64	Zastava M21 突击步枪	144
65	OTs-14 突击步枪	146
66	TKB-022 突击步枪	148
67	VZ-58 突击步枪	150
68	9A-91 突击步枪	152
69	SR-3 旋风突击步枪	154
70	VHS 突击步枪	156
71	XL-64 突击步枪	158
72	AR-18 突击步枪	160
73	XM8 突击步枪	162
74	K2 突击步枪	164
75	英萨斯突击步枪	166
76	丰和 89 式突击步枪	168
77	Vahan 突击步枪	170
78	STG-940 突击步枪	172
79	SR-88 突击步枪	174
80	SR-47 突击步枪	176
81	SAR 80 突击步枪	178
82	Rk 95 TP 突击步枪	180

第1章
步枪基础知识

现代步枪多指来福枪，特点是有膛线、单兵肩射，主要用于发射枪弹、攻击特定目标，有效射程为 500m 左右（依种类和性能会有所不同），可用刺刀格斗，有的还可以发射枪榴弹，兼具有点、面杀伤能力和反装甲的能力。

突击步枪简介

▼ 突击步枪的意义

突击步枪是根据现代战争的要求将步枪和冲锋枪所拥有的最佳技术性能成功结合的产物,现多指各种具备全自动、半自动射击方式的步枪,能够发射中间型威力枪弹或小口径步枪弹,有效射程为300m~400m,具有射速较高、射击稳定、后坐力适中、枪身短小且轻便的特点。突击步枪是具有接近普通步枪射击威力并兼具冲锋枪猛烈火力的一种自动步枪。

▼ 突击步枪的发展史

突击步枪作为现代枪械的一个种类,其研制始于1914—1918年第一次世界大战期间,至今已有近百年的历史。在这百年的历史长河中,突击步枪的发展历经曲折,走过了漫长的道路。在突击步枪的发展过程中,弹药问题一直是矛盾的焦点,经过长期的竞争和试用,目前有两种弹药占主流,即5.56mm×45mm枪弹和5.45mm×39mm枪弹,但这并不意味着突击步枪只有这两种口径,还有目前正在使用且没有撤装迹象的7.62mm×51mm枪弹及与之匹敌的7.62mm×39mm M1943中间型威力枪弹。

第一支真正的突击步枪是1942年在苏德战场上出现的STG44突击步枪。1934年,德国军方感到需要一个比7.92mm×57mm威力小一些的弹种,随即与马格德堡市波尔特工厂签订了一项开发新枪弹的合同,该厂于1941年开始生产7.92mm步兵用短弹,此弹将原来的7.92大威力子弹弹壳由长57mm减至33mm,装药量由47格令(约3g)减至24.6格令(约1.6g),弹头重由198格令(约12.8g)减至123格令(约8g)。1938年,德国军方与苏尔市的黑内尔兵工厂签订合同,开发一种轻型自动步枪,发射新短弹,并要求试制50支样枪,胡戈·施迈瑟(Hugo Schmeiser)担任方案设计师。1941年1月,德国军方又与黑内尔工厂和沃尔特工厂签订另一合同,要求于1942年8月生产200支发射新型短弹的样枪,方案设计师是布劳宁(Brauning)。1942年,黑内尔厂生产10 000支新枪,型号定为MKb42(H)。

MKb 是德文 Maschinenkarabiner 的缩写，意为"冲锋卡宾枪"，后又改称 MP43 冲锋枪；MP 是德文 Maschinenpistole（冲锋枪）的缩写，至 1944 年正式定名为 STG44 突击步枪；STG 是德文 Sturmgewehr（突击步枪）的缩写。德国人首创的 STG44 突击步枪的主要特点是火力猛烈，当点射和连续射时，由于使用了中间型威力枪弹，在原 7.92mm×57mm 毛瑟弹的基础上缩短弹壳长度（7.92mm×33mm），所以在一定的距离上具有相当好的射击精度。这句话的含义可以做如下理解：突击步枪既不完全是步枪，也不能说是冲锋枪，它是根据现代战争的要求（在缩短的作战距离上需要有更高的火力威力和更好的机动能力）将步枪和冲锋枪所拥有的最佳战术性能成功地结合起来的一种武器。

从资历上来说，突击步枪在枪械家族中只能敬陪末座，世界上第一支真正的突击步枪诞生至今不过 70 余年，远不如手枪、冲锋枪、轻重机枪等资格老。但突击步枪发展至今已成为当代步兵手中最基本的战斗武器，形成型号繁多、"子孙兴旺"的大家族。无论是从生产装备的数量，还是从应用普遍程度上来说，突击步枪都称得上是"枪中魁首"。回顾这个大家族发展中的成败得失，对突击步枪中"众星"的表现做一番评头论足，相信是每一个枪械爱好者乐此不疲的话题。首先把目光投向 70 多年前硝烟弥漫的苏德战场，看看突击步枪是怎样应运而生的。在 1942 至 1943 年间，东线作战的德军已失去了战争初期势不可挡的进攻锐气，严寒、困窘的后勤供给和苏军顽强的抵抗终于使德军的东进攻势止步于莫斯科城下，苏联的战争机器开始隆隆运转，大量士兵源源不断地开赴前线，飞机、坦克、大炮大批地投入战场，对阵双方经过短暂的僵持后，战争的天平终于倾斜了，曾经一路高歌猛进的德军退却了。然而，当时少量投放战场做试验的 MP43"冲锋枪"却因德军战略上的失败突显出一种新式武器的威力。

在战前，德国人通过大量的战术分析认为，战场上步兵的交火距离绝大部分在300m以内，而当时德军装备的发射7.92mm×57mm步枪弹的K98毛瑟步枪威力过猛，有效杀伤距离甚至超过1 800m，远远超过一般射手的有效瞄准距离，步枪既长又重，而且强大的后坐力容易引起射手疲劳，会影响射击速率。而德军大量装备的MP38/40冲锋枪，有效射程短、威力偏小，不能满足实际战斗需要。经过反复的论证研究，设计人员统一了思路：应设计一种具备冲锋枪特点的步枪。如果要贯彻这一设计思路，必须以一种可以接受的弹药来代替后坐力巨大的毛瑟步枪弹，以实现可控制的连发射击。德国军方权衡了多种弹药方案后，最终研制出了一种口径仍为7.92mm、弹壳长度缩短到33mm的步枪弹，发射药量也相应减少。有了可用的枪弹，设计一种新枪就成了当务之急，很快，黑内尔兵工厂总裁设计的MKb42（H）步枪战胜了竞争对手，被德国军方选中。MKb42（H）步枪采用导气自动方式，枪机回转闭锁，开膛射击，动作可靠。接下来，首批1 000支该型步枪被送往苏德前线试用，之后经过部分改进正式赋予MP43的编号，并开始大量生产，以供德军使用。MP43相对于之前的传统结构步枪的成功之处是在保证了足够有效射程的前提下实现了可控制的连发射击，由于采用了体积、质量大大减小的短步枪弹，增加了步兵的携弹量，其采用了当时在步枪上难以见到的30发弹匣，使步兵的火力强度和持续作战能力得到显著增强。而且其枪长比K98步枪缩短了210mm，有利于携行和乘车作战。MP43的这些优势在苏德战场得到了充分发挥，德军的MP43和机枪相配合，对苏军形成了明显的火力优势，他们可以在中远距离对苏军进行有效的火力压制，而苏军大量装备的发射手枪弹的冲锋枪因射程不足无法还击。尽管数量有限的MP43不能挽回德军败局，但它们的出色表现却受到德军官兵一致的好评。德军领导人对威力小的短步枪弹素无好感，顽固地认为发射大威力子弹的K98步枪才是士兵所需要的，并一度禁止此类枪械的研制，这使得MP43在投产之时不得不冠以"冲锋枪"的名分。后来在几乎身边所有人众口一词的赞誉之下，德军领导人终于让步，批准MP43投产，并计划用它全面替代步枪、冲锋枪、轻机枪。但由于战争后期德国的战争资源几近枯竭，军工生产无法正常运行，最终没有实现这一计划。

1944年，MP43改名为MP44，同年底，又以德军领导人命名的新称谓——"突击步枪"重新命名，即STG44。当时恐怕包括它的命名者在内没有人会想到STG44的出现掀起了轻武器界的一场革命，对以后枪械的发展产生了深远影响。时至今日，在各国研制的新型步枪中仍不同程度地应用着它的设计理念，尺寸、重量适中，火力猛烈，发射"中等威力"枪弹的突击步枪这一概念已深入人心。型号各异的突击步枪成为各国步兵武器装备的中坚力量，MP43的出色表现同样给了苏联人深刻的印象，他们迅速体会到了短步枪弹的优越性，在德国人对短步枪弹研究的基础上，苏联人研制出了7.62mm口径的标准步枪弹，即著名的7.62mm×39mm M43步枪弹。

天才设计师卡拉什尼科夫充分领会了"突击步枪"这一名词的内涵和精髓，并在自己的作品中发扬光大。卡拉什尼科夫深知前线士兵对高效能、高可靠性枪械的渴求，他借鉴STG44突击步枪的成功经验，结合自己参战的经历，设计出了突击步枪中的"经典"之作——AK-47。虽然AK-47没能赶上第二次世界大战，但它却在战后世界的各个战场上谱写了自己的辉煌，创造了后来者难以企及的伟绩，前苏联AK家族在突击步枪发展史上占有重要的地位，AK家族及其衍生型号是苏联士兵主要的作战枪械，如果再加上各国众多的仿制品，AK-47突击步枪的装备数量远大于其他各种型号突击步枪数量的总和。1951年，基型型AK-47开始装备苏军，它长870mm、重4.3kg，配备30发弹匣。坚固耐用和出色的可靠性是AK-47成功的根本，它可以在各种极端的环境下正常使用，操作容易，维护保养简便，它最适用的地方就是战场。AK-47把突击步枪结构紧凑、威力足够、火力强大的特点发挥得淋漓尽致，也成为以后衡量同类型枪械成功与否的标杆。大家对可以挑剔AK-47的精度，可以指责它的工艺水准，但AK-47突击步枪对世界轻武器发展所产生的巨大影响和在全球范围内所受到的广泛拥戴、热爱是谁也不能质疑的。AK-47的各项技术指标并非出类拔萃，但作为一支诞生了半个多世纪的步枪，至今仍具有强大的生命力和影响力，其中原因恐怕不用多加解释。它经得住各种恶劣环境的考验，沙尘、水渍对它的使用没有影响，它维护简单、方便，因而它的使用者不仅仅局限于正规部队的士兵，还包括众多的非正规武装或民间人士，它是一种地地道道的大众化枪械。

第二次世界大战结束后,北约国家计划进行一项改革,试图在北约内部建立一套统一的枪、弹装备体系,这一计划的收获就是确定了统一的步枪弹药。当时英国等国家在先进枪械弹药的开发上已取得了一定的成效,提出了很有潜力的设计方案,但北约的"龙头老大"——美国出于自身利益的考虑,大力倡导使用一种以 0.308 in 温彻斯特步枪弹改进而来的大威力枪弹,各国虽说心有不甘,但最后不得不屈从于美国的强大压力之下,7.62mm×51mm NATO 弹成为北约制式通用弹药。也正是因为错失这次发展先进轻武器弹药机会,北约其他成员国研发突击步枪的进程被大大延误了。于是在 20 世纪 50 年代初,诞生了一批设计优秀但落后于时代的大威力战斗步枪,其中以美国的 M-14、德国的 G3、比利时的 FNL 这"三驾马车"最为著名。

20世纪50年代末，5.56mm×45mm M193枪弹在美国诞生，美国著名设计师尤金·斯通纳研制出了发射这种枪弹的AR-15突击步枪。在当时，它的设计是超前的，它大胆使用了铝合金材料，有效地减轻了枪支重量，并把许多其他步枪的结构特点和细节有机地结合起来，例如约翰逊步枪的闭锁装置、FA FAL的机匣盖和枪尾、T-25的枪管同轴直枪托，瑞典M42步枪的导气系统，形成了自己独特的外形风格。在越战期间，美军感到需要一种尺寸和重量适中、火力强的枪械与AK-47突击步枪抗衡。于是AR-15步枪被选中，它从1961年开始被小批量投入战场，装备部分守备部队。1964年，AR-15被正式赋予M-16的编号，3年之后，M-16经过改进被命名为M-16A1，这样世界上第一种正式投入装备的小口径突击步枪诞生了。最初，M-16在可靠性方面的表现并不好，为了减小枪支尺寸减轻了枪支的重量，采用了直接导气自动原理，当时技术人员认为这是一种简单紧凑、可免于维护的结构，但在实战使用中发现，免维护保养是不切实际的。M-16在长时间连续使用后，火药残渣会堆积在导气管，影响枪机动作，再加上M-16的枪机质量小，复进冲量不足，经常出现枪机复进不到位、抽壳困难等故障。为此，从M-16A1开始增加了一个辅助推机柄。当时美国人解释说这个装置可以实现枪弹无声上膛，适合在伏击敌人时使用。可是大家都明白，这是因为M-16设计上存在先天缺陷，不得已而为之。另外，士兵不加限制地使用连发射击方式使弹药消耗量大增，使得美国士兵对这款设计精巧的步枪有些心存顾虑，但随着各种技术的改进，M-16的缺陷得到了有效地弥补和克服，技术上存在的问题得到了解决，小口径突击步枪的优点充分发挥出来，士兵们也开始逐渐适应它的使用特点。由于火力猛烈、轻便灵活，使它迅速取代M-14成为美国陆军制式步枪，并很快地成为一种深受士兵喜爱的武器。

在20世纪80年代中期，美国军方和轻武器界开始着手开发"先进战斗步枪"（即ARC），以取代当时装备的M16A2突击步枪，参加选型的步枪有无壳弹、双头弹、箭式弹等，然而试验中没有一种方案达到最基本的计划指标——精度比M16A2提高一倍，计划失败了，轻武器设计界开始普遍认为传统结构形式的突击步枪的发展已经接近性能极限，越来越多的人开始寻找突击步枪的替代者。然而直到20世纪末，突击步枪依然呈现出蓬勃发展的局面，当然，各国旨在替代传统结构突击步枪的种种方案、概念也纷纷浮出水面。美、英、法等国开始兴致勃勃地开发未来单兵武器系统，其共同特点是在单兵武器中引入复杂的火控系统，以可编程的小型高爆榴弹和动能弹为杀伤手段，成为具有点、面目标杀伤能力的综合武器系统，从而大大提高单兵的火力强度和精确性。

这时，"突击步枪"消亡论一度占领了市场。但是各国未来单兵武器系统当前面临的形势并不乐观，它们无一例外地遇到了武器系统超重、系统复杂、价格昂贵、后勤补给及维护保养困难等种种难题，能否适应今后严苛的战场环境还是未知。其中，美国的 XM29（即名噪一时的 OICW）为降低研制风险、保证系统的可用性，把整个系统分为 XM25 自动榴弹发射器和 XM8 轻型突击步枪两个子系统进行发展。

时下，各国轻武器界已从当初的狂热追捧中逐渐清醒过来，因为大家意识到杀伤性榴弹系统走向实用尚需时日，未来单兵武器系统的使用定位尚需重新审视，扎实搞好基础理论研究和设法使复杂的电子系统走向成熟才是当前急需解决的。时间很快进入了新世纪，突击步枪当前面临着一个关键的发展时期，虽然新型号、新设计不断涌现，但当前服役的突击步枪却从未有过本质的变化。突击步枪发展历史实践证明，弹药的发展是推动突击步枪变革的决定性力量。

▼突击步枪的定义

"突击步枪"这一名字是从德语单词"Sturmgewehr"（字面意思是"风暴步枪"，"风暴"在此处与"突击"、"冲锋"同义，同时被用做动词）翻译而来的。一般认为 STG44 是世界上第一款实际意义上的突击步枪。严格地说，突击步枪必须要有以下特点：它必须是一件个人武器，并拥有枪托；能够以全自动或半自动模式射击；它一般以中间型威力枪弹或小口径步枪弹射击，威力比手枪大，但威力不及标准步枪或战斗步枪；弹药必须由可拆卸的弹匣提供。当然，有些技术上不是突击步枪，却满足了这些标准的步枪常常被视为突击步枪。例如，与突击步枪共享设计的半自动步枪，如 AR-15（M-16 步枪的原型），它们不能切换射击模式，因为它们没有可拆卸的弹匣，所以使用固定弹匣的步枪或使用弹链的武器（如 M249）同样不是突击步枪。

▼突击步枪的结构

一些老产品，如 HK 系列，使用滚柱闭锁，但最新的 HKG36 枪族采用了尤金·斯通纳的改进型回转枪机。当今的突击步枪大多采用导气式原理、枪机回转闭锁，到目前还没有什么好结构能替代回转枪机结构。现在的突击步枪大致有以下几个特点：

（1）无托结构成为突击步枪的主流

近年来推出的除 AN94 以外的几种新型突击步枪均为无托结构，无托结构也已成为突击步枪的主流，将握把部件置于弹匣之前，能使枪的结构紧凑、携行方便。无托突击步枪因其全枪长度短，特别适用于丛林战、巷战。无托突击步枪采用直托式设计，射击时枪口上跳较小，射击精度高。

（2）皮卡汀尼导轨成为突击步枪的基本特征

在世纪之交竞相亮相的几种新型突击步枪均将瞄准系统装在皮卡汀尼导轨上，美国军用标准1913皮卡汀尼导轨（或类似的装置）几乎成为现代突击步枪的基本特征。皮卡汀尼导轨允许用户快速准确安装、拆除各种各样的附件，从激光指示器、强光灯到光学瞄具和全天候瞄准装置，并且使用时不需归零，也不用每次检查瞄准系统。

（3）保留刺刀，增加下挂榴弹发射器

虽然说现在拼刺已经不是主要的杀敌手段，但刺刀继续出现在许多突击步枪上（目前枪支注重多功能性，成为生存的有力工具，刺杀功能已退居次要位置），在此之上增加了榴弹发射器，以具备点、面杀伤能力，提高作战效能。无论是R/M设备公司的M203PI，还是GP25，都是40mm口径，能使单兵高爆杀伤能力扩展到400m，性能可达到并超过手持榴弹发射器。令人感兴趣的是，R/M设备公司的M203PI能与美国和欧洲的大多数步枪相适配。

（4）大量采用新材料、新工艺

高新技术对突击步枪的影响越来越明显，其中重要的一点是合成材料广泛应用于枪械中，如枪托、前托甚至机匣都采用高强度工程塑料，在确保全枪坚固耐用的同时降低了制作成本，而且还能注塑出各种各样符合人机工效的光滑外形，给人以耳目一新的感觉。

（5）注重人机工效设计

步枪是步兵的主要作战武器，要使士兵手中的步枪得心应手，就必须考虑它的人机工效。最近几年，世界舞台上出现的几种新型突击步枪都在人机工效上大做文章。以色列的TAR-21新型无托突击步枪采用浮动枪管，以降低武器射击时的后坐力；在贴腮处安装由凯夫拉制成的贴腮板，用来防止武器射击时间过长而灼热烫腮，以及万一弹膛发生故障时能够保护士兵；对于所有控制按钮，射手用左、右手均能操作；抛壳窗也可左、右更换。新加坡的SAR-21也是如此。这一切表明人机工效得到了各国的普遍关注，成为突击步枪的发展中不可忽视的一个方面。

（6）采用新型变射频原理设计

AK-74步枪在20世纪80年代末期推出时，它只被当做一种临时枪型，后来成为"阿巴甘"方案的初始方案。为了提高精度，尼柯诺夫在AN94上使用了高射频技术，保证前两发弹（或是3发弹）出枪口后才产生后坐，这样可以精确地命中目标。这种变射频结构较复杂，其核心是一根钢丝绳和有助于装弹的滚轮系统，大量的试验也已证明该机构动作的可靠性。此外，该枪的枪口制退器与传统的枪口制退器不同，采用"双气旋"气室结构，在火药燃气定向向上排出之前先冷却，以减小上跳和后坐力，进一步提高了全枪精度。与其他步枪相比，AN94的精度着实让人吃惊，当射手以立姿抵肩射击时，其精度是其他AK步枪的13倍，可只选择两发速射方式或选择兼有速射和标准射击方式。

（7）广泛采用光学瞄具或电子光学瞄具

瞄具是轻武器的重要组成部分，突击步枪领域中一个新的革新就是广泛采用光学瞄具或电子光学瞄具来代替传统的机械瞄具，瞄准系统得到不断开发和装备，从望远式、反射式到"单点式"系统，使轻武器"如虎添翼"。长期以来，望远式瞄具由于易受损坏或受磕碰后会出现偏差的原因，只用做特殊用途，例如不装备普通士兵，只给狙击手配用。现在突击步枪上引入了多种小型瞄具系统，这大大提升了单兵射击精度。另外，其夜视瞄具也达到了使用要求，典型的代表是雷恩公司（Raytheon）的红外热成像瞄具AN/PAS-13，该系统结构紧凑，可装到美国M16A2/M16A4步枪及M4A1卡宾枪上，即使在弱光和黑暗条件下也能清晰地展现目标图像，并可与未来"士兵系统"相适配。

突击步枪基本结构示意图

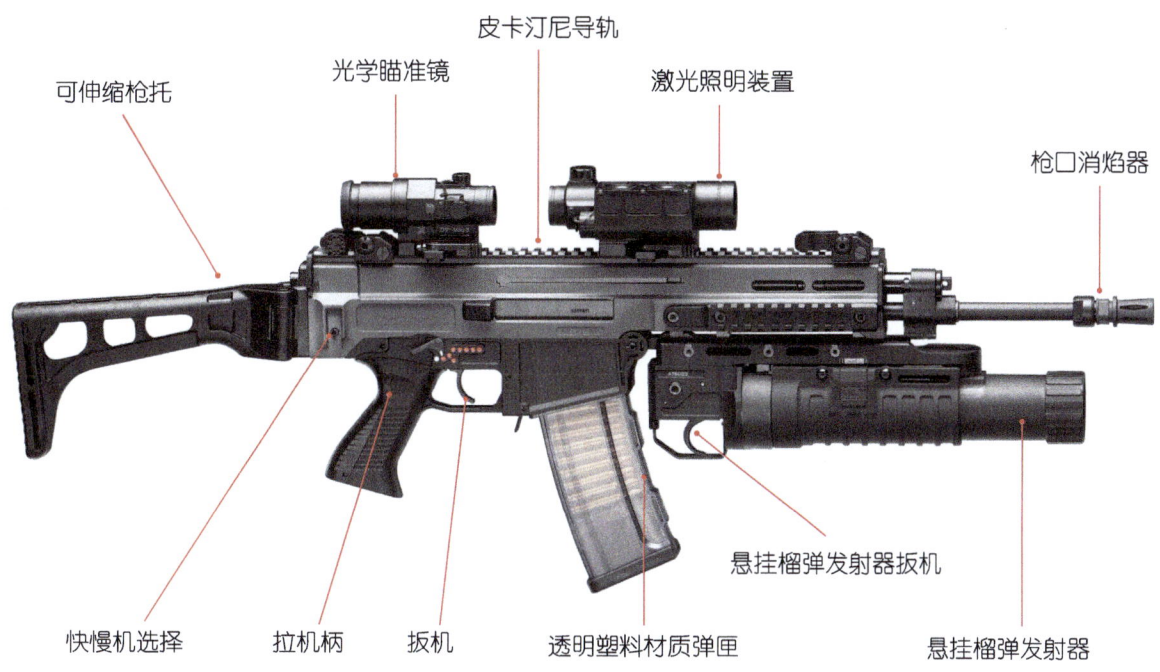

突击步枪配件模块

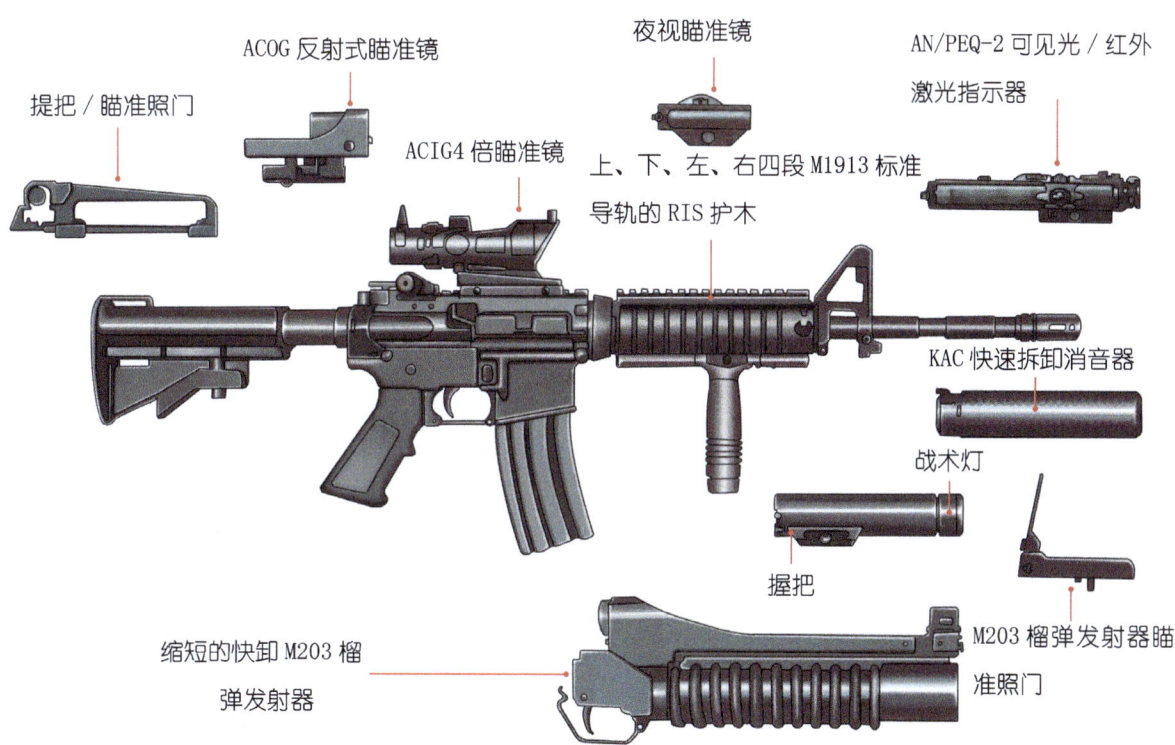

枪体内部结构

PNC 内部结构图

SG550 内部结构图

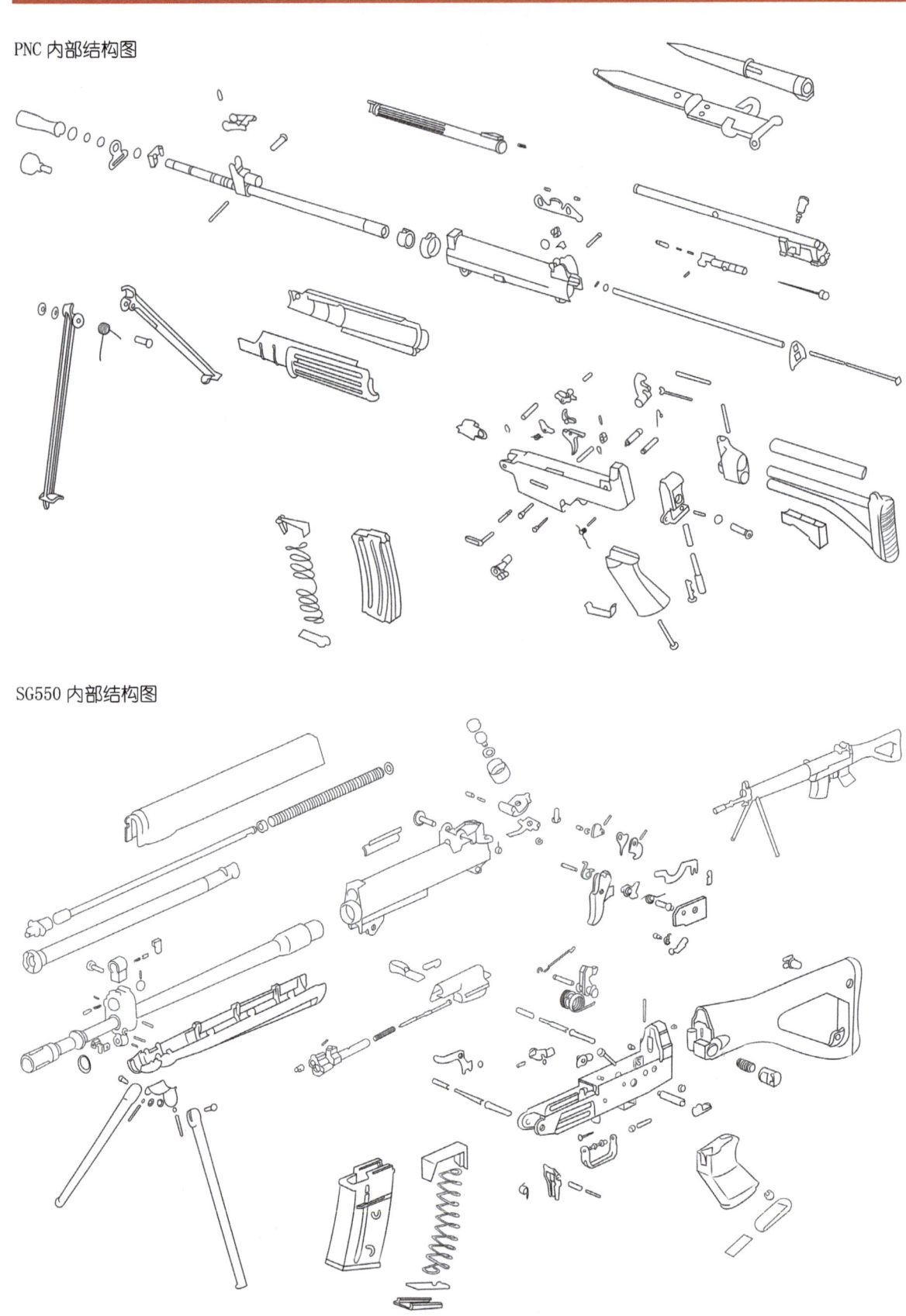

枪械的弹药

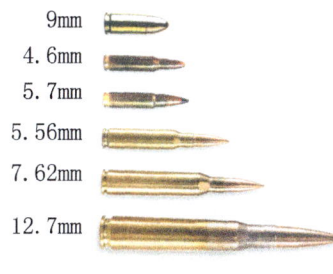

▼ 弹药

现今，世界上拥有超过500种各式弹药，便携式自动武器主要装填3种标准化尺寸的子弹：自动手枪用9mm×19mm子弹，突击步枪用5.56mm×45mm子弹和7.72mm×51mm子弹。提供AK-47型突击步枪的M43子弹在世界范围内广泛销售，跟大家考虑的相反，设计人员往往是为了一种弹药而开发创造一种突击步枪。

▼ 常见弹药

5.56mm北约步枪弹：1967年美国陆军决定换装M16 A1式5.56mm步枪/M193式枪弹系统，撤装1957年列装的M14式步枪及其7.62mm枪弹。1969年，驻欧美军也装备了M16 A1式5.56mm步枪，只是班用轻机枪/弹系统仍留用7.62mm口径。美国的这一行动促使欧洲一些公司掀起了小口径热潮。在此情况下，比利时的FN公司开始改进M193式枪弹，并使改进弹的外形尺寸、成本与M193式相当。而且该公司研制成功一种用钢/铅复合结构的新弹头，这明显地提高了远距离的侵彻力，但其杀伤性能比M193式稍微降低，其弹头重量稍微加大，以利于加大有效射程和提高侵彻力。比利时的5.56mm×45mm新弹在1977—1979年北约选型中获胜，1980年10月其被定为北约小口径制式枪弹。比利时将该弹定型为SS109式，美国装备时，将其型号定为M855式。

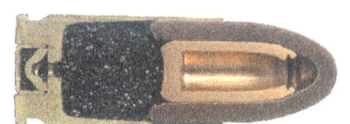

7.62mm北约制式步枪弹：这个口径比7.62mm更小，无论是弹仓容量还是一个战斗人员可携带的弹匣数量都有所增加。尽管如此，由于一些枪械的穿透能力与准确性，这些特殊枪械仍然需要使用7.62mm子弹。

1954年，北约开始在突击步枪和中型机枪上配备一种新型口径的子弹——7.62mm×51mm子弹，这样做的目的是为了统一所有北约成员国武器弹药的规格，包括任何类型的武器。FN Herstal公司于是对刚被设计出来以适应这种新型弹药的FAL型武器进行改良，HK G3型和US M14型武器也同样选择了这种子弹。

此种弹药也被称为7.62N，N代表NATO（北约），在英国此种弹药被称为308温彻斯特弹药。

突击步枪的相关配备

为了将附加的配件固定在主武器上，主要是整合新的瞄准或辅助瞄准解决方案，设计人员设计出了一种名为导轨的物件固定在枪身之上，以挂带各种相应的配件，目前通用的导轨有两种：一种名为皮卡汀尼导轨，由 Dick Swan 于 1913 年发明，又被戏称为"天鹅织工"；第二种"织工"的型号是 MIL-STD-1913 标准的原型，于 1995 年正式被美国军队采用。皮卡汀尼导轨被称为北约的标准，编号为 STANAG2324，它们被广泛应用于突击步枪、冲锋枪和轻机枪上，最近开始用于自动手枪上，由此可以准确地为每个射手匹配所需的武器。在这些导轨上可以固定灯具、激光指示器、手柄、"花点"型或全息型瞄准系统以及望远镜等。

突击性武器最常使用的配件主要有 Aimpoint（瞄准点）牌的"红点"瞄准镜、Trijicon 牌的 ACOG 型望远镜和 EOTech 牌的 HOLOsight 全息型瞄准镜。特种部队和快速反应部队的使用反馈为这些产品的生产厂家提供了宝贵的意见，他们还开发了全瞄准系统，可以和夜视装置一起使用。

到目前为止，所有配件中最好的范例依然是用于 M4A1 型突击步枪的 SOPMOD（Special OPerations peculiar MODification，特别行动的特殊改动）配套部件，适应美国军方规范特种部队武器系列可选配件的要求，此项决定方案是自 1994 年开始的。

思索、研究和"成品"采购经历了两个阶段，即 1994 年至 2004 年的第一批（Blocks1）和 2000 年至 2007 年的第二批（Blocks），因此可以为 M4 提供以下配备：

- 骑士武器公司的四轨RIS（导轨借口链接）手柄；
- 一个前手柄握把；
- 一只600m距离内使用的日用Trijicon牌ACOG型4×32倍TA 01 MSN版的望远镜；
- 备用金属瞄准装置；
- 战斗背带；
- 一只Trijicon牌Reflex型RX 01 M4A1（非放大）版的瞄准镜；
- 洞察力科技公司生产的AN/PEQ-2 ITPIAL可视激光指示器；
- 战术灯；
- KAC M4 QD型消音器/挡火板；
- 柯尔特M 203 A1型榴弹发射器，M203型的简略版，用9in枪管代替了12in枪管；
- 发射M203榴弹用的瞄准式照门；
- 一只AN/PEQ-5 CVL型的可视型激光瞄准器；
- 可拆卸提把，配有A2型瞄准镜；
- 一只AN/PVS-17 MNVS型的夜用瞄准器及其支架；
- 导轨用防滑垫。

存放这么多的可拆卸配件用于应付各种人，需要一个工具箱进行存放。

突击步枪的其他组件

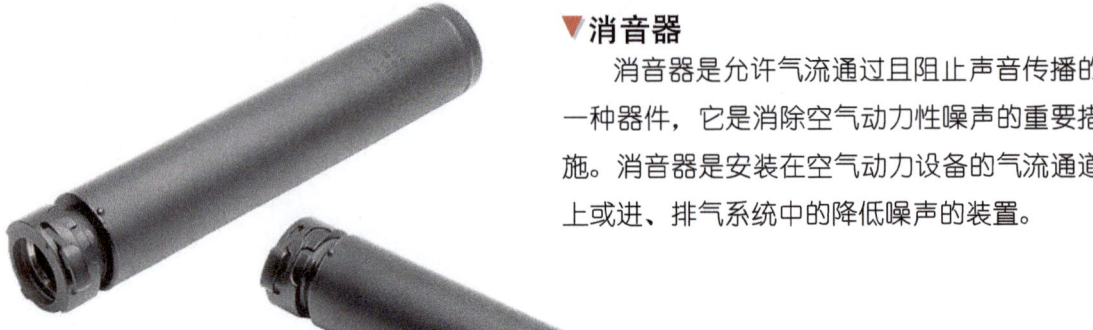

▼ 消音器

消音器是允许气流通过且阻止声音传播的一种器件，它是消除空气动力性噪声的重要措施。消音器是安装在空气动力设备的气流通道上或进、排气系统中的降低噪声的装置。

▼ 消焰器

消焰器是在发射时减少膛口火光的装置。安装了消焰器的膛口，能够使一部分没燃尽的火药微粒在流入消焰器时得到燃烧，因此减少了一次焰；同时让二次焰在消焰器内部形成，不至于暴露在外界，从而达到隐蔽自己的目的。

▼ 加大储量的弹匣

▼ 战术手电

战术手电也称战术灯，说得通俗一点就是完成战术任务所使用的手电。

战术手电与普通手电筒在原理和结构上没有本质的区别，但由于战术手电要适应作战中的各种恶劣环境条件，因此其性能要比普通手电筒高得多，例如高低温度性能、防腐蚀性能、密封性能、耐用性能、色温、照度等。

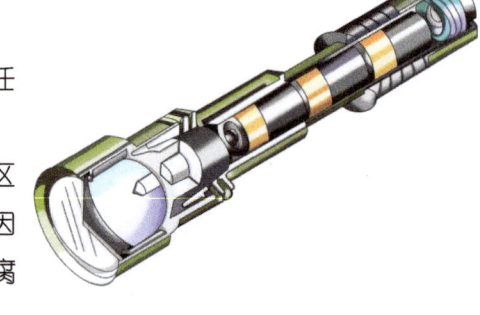

第 2 章
世界知名突击步枪

突击步枪是现在主要的单兵武器,而且服役数量极大,因此它需要可靠的性能,如前苏联卡拉什尼科夫设计的AK-47,它的结构简单、分解容易、枪机动作可靠,而且操作简易,在越战中是最有效的突击武器,并一直采用至今。突击步枪亦是各种枪械中最多创新设计的一种,如为了令步枪更为轻便,缩短整体长度但枪管长度相同以保持有效射程的犊牛式设计,为了降低单兵重量出现了下挂式榴弹发射器。近年来由于作战用途及战术需要,突击步枪出现了模组化设计,并加入了战术导轨以安装前握把、指示器、夜视镜、瞄准镜、战术灯、甚至火控系统等,亦可通过转换枪管及机匣部件变成轻机枪、特等射手步枪、狙击步枪及卡宾枪,甚至变换口径以提高通用性。

AUG 突击步枪

▼AUG 突击步枪弹匣细节图

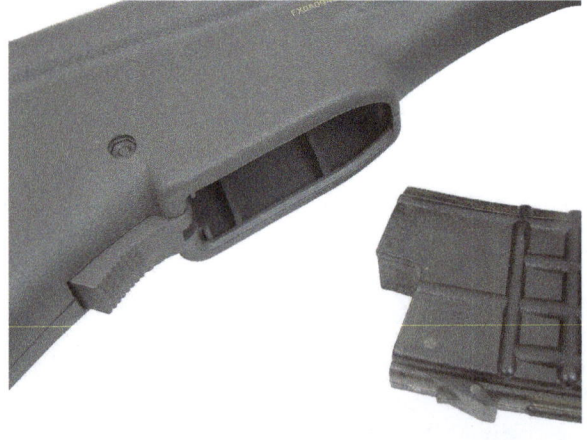

AUG 突击步枪基本参数	
全长：	790mm
枪管长：	508mm
空枪重（不含弹匣）：	3.6kg
初速：	970m/s
理论射速：	680~800rpm
弹匣容量：	30/42rds
膛线：	6条，右旋，缠距为228mm
射程：	300m
发射方式：	单发、连发

1 AUG 突击步枪

AUG 突击步枪简介

▼AUG 突击步枪弹匣细节图

斯太尔 AUG 突击步枪是一种导气式、弹匣供弹、射击方式可选的无托结构步枪，研制于 20 世纪 60 年代后期。其设计研制目的是为了替换当时奥地利军方采用的 Stg.58（FN FAL）战斗步枪。当时军方提出的要求是：精度不低于比利时的 FN FAL 步枪；重量不大于美国的 M16 步枪；全长不超过现代冲锋枪的长度；在恶劣环境中使用时，可靠性不低于前苏联的 AK-47 和 AKM 突击步枪。

针对所提出的要求，奥地利军方让 AUG 突击步枪与 FN FAL、FN CAL、捷克的 VZ-58 和 M16A1 进行了对比试验，结果 AUG 的性能表现更为可靠，而且在射击精度、目标捕获和全自动射击的控制方面表现得更为优秀。

斯太尔 AUG 步枪的标准瞄准装置是 1.5 倍的望远瞄准镜（兼提把），由奥地利蒂罗尔的施华洛世奇光学仪器公司（Swarovski Optik）设计，密封在一个筒形外壳中，设计的归零值为 300m，可以在昏暗条件下使用。其瞄准镜视场为 150 密位，在 300m 距离上直径为 45m，在 200m 上为 30m，100m 上为 15m。军用型的瞄准划分是一个粗线条的黑色圆环，圆环的内直径为 6 密位，相当于在 300m 处的一个 1.8m 的立姿人体的高度，因此可以用做测距；执法型在中央有一个小黑点，以提供更精确的瞄准。瞄准镜筒体上的风偏和高低角调整螺帽用于归零调整，但不能调整到 300m 外的射程。1.5 倍的放大倍率让射手可以在射击时睁开双眼，便于搜寻目标和观察周围事物，并避免产生"隧道视觉"。此外，这种光学瞄准镜还可以减少 AUG 使用者的训练时间，因此能大大减少弹药和训练费用。

斯太尔 AUG 实际上是一个武器系统，4 种不同的枪管可以在几秒内装进任一机匣中，成为 4 种不同的武器。AUG 武器系统是模块化结构的，全枪由枪管、机匣、击发与发射机构、自动机、枪托和弹匣六大部件组成；所有组件（包括枪管、机匣和其他部件）都可以互换。AUG 系统中采用了大量的塑料件，约占全枪零部件总数的 20%，不仅枪托、握把和弹匣采用工程塑料，就连受力的击锤、阻铁、扳机也用塑料制成，这些部件耐摩擦而且不需要润滑，因此有较长的寿命周期，并且非常坚固。据奥地利军方测试，这些塑料部件可以承受射击 100 000 发以上的使用寿命。AUG 很容易分解且不需要专门工具，这样可以大大减少基本维护费用，士兵在野战条件下也方便维护步枪。

▼AUG 突击步枪枪托细节图

2　斯太尔 ACR 突击步枪

▼斯太尔 ACR 突击步枪枪托细节图

斯太尔 ACR 突击步枪基本参数	
口径：	5.56mm
枪口初速：	1 450m/s
全长：	307mm
发射方式：	连发、3 发点射

斯太尔 ACR 突击步枪

斯太尔 ACR 突击步枪简介

斯太尔 ACR 是奥地利斯太尔公司为美国先进战斗步枪（Advanced Combat Rifle）计划研发的 4 种候选方案之一，在通过了阿伯丁试验场的安全与工程试验后又参加了本宁堡步兵学校的野战评估试验，但最后包括斯太尔 ACR 在内的 4 个方案都没有达到命中率比 M16A2 步枪提高 100% 的要求，所以 ACR 计划被中止。

斯太尔 ACR 的外形很简洁，整体式聚合物外壳的前半段像一个圆筒，中间下方有 AUG 式的握把，顶部有安装机械瞄具的提把，其标配的机械瞄具为 1.5~3.5 倍的变倍光学瞄准镜。贯穿式快慢机有保险、连发和 3 发点射 3 个位置。24 发双排弹匣采用半透明塑料制成，方便射手观察弹匣余弹量。斯太尔 ACR 不用工具就可以进行分解，由于是无托结构，全长只有 30.7in，比 M16A2 几乎短了 25%。整枪采用大量的高强度合成材料和模块化结构，便于维护和后勤供应。

斯太尔 ACR 由于有极高的弹速，在实际射程内的飞行时间非常短（打到 300m 大约需时 0.2s），而且弹道平直，几乎达到光线枪的水平。射手在射击前不需要考虑太多提前量和弹道计算，就是说即使目标在高速运动中，只要瞄准了也很容易命中。斯太尔 ACR 有很强的杀伤力和穿甲能力，而且射击后坐力很低。

由于 ACR 计划的基本要求是在战场压力下提高命中率，所以参选的 4 种候选方案都是从新型弹药入手，斯太尔选择的突破口是箭形弹。箭形弹技术原本在 20 世纪 60 年代的美国陆军试验 SPIW 计划时采用过，但当时箭形弹的概念失败了。斯太尔 ACR 重新尝试箭形弹技术，并取得了一定的成功。

该弹名义上是 5.56mm 口径，采用简单的圆筒形塑料弹壳。箭形弹（或飞镖）通过四瓣式弹托定位完全埋在弹壳内。高碳钢箭形弹直径约 1.5mm（0.6in），长约 41mm（1.6in），重 0.66g（多数资料为 10gr，据说准确的重量是 9.85gr）。塑料弹壳没有底缘或者拉壳沟槽，环形底火紧贴在弹壳内壁上。箭形弹的重量很轻，比 SS109 弹轻了一半，在相同负重条件下，每名战斗成员携带的弹药可成倍增加，但箭形弹更重要的优势是速度，斯太尔 ACR 发射时枪口初速达到 1450m/s（4 750fps），在 600m 时的存速仍然有 910m/s（2 980fps），据说可以穿透钢板和当时已有的防弹衣，而且弹道极为平直，后坐力也低。

▼ 斯太尔 ACR 突击步枪皮卡汀尼导轨细节图

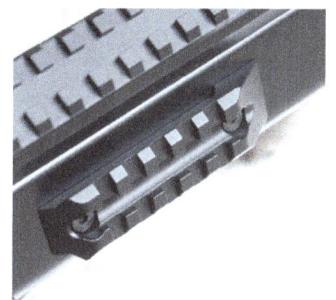

▼ 斯太尔 ACR 突击步枪枪管细节图

3 F2000 突击步枪

▼F2000 突击步枪枪托细节图

F2000 突击步枪基本参数	
空枪重：	3.6kg
全枪长（含榴弹发射器）：	694mm
枪管长：	400mm
瞄具：	1.6 倍光学瞄具
理论射速：	850rpm
初速：	900m/s

3　F2000 突击步枪

F2000 突击步枪简介

FN 公司在 1995 年就开始着手研制一种新型的武器系统来应对未来特种作战的需要，FN 的设计人员将模块化思想贯穿到这个新产品的开发中，以使士兵能够在战场环境中很容易更换部件来适应不同情况的需求，同时，他们也要求这种武器为未来可能出现的新型部件留下接口。2001 年 3 月，在阿拉伯联合酋长国阿布扎比举行的 IDEX 展览会上，FN 公司第一次公开展示了这种新颖的武器系统，并命名为 F2000 突击武器系统。

FN F2000 是 Fabrique Nationale 唯一一种犊牛式突击步枪。FN P90 的几个设计特点在 F2000 上得到沿用，其中包括左、右手均可操作的位于扳机下方的射击选择器。其抛壳方向与常规步枪不同，F2000 空弹壳自枪口右后上方的抛壳窗中向前抛出。

F2000 采用导气式自动方式，由活塞杆驱动一个旋转闭锁系统，该闭锁系统的强度以及可靠性较高，并保证没有火药燃气进入弹膛区域。灰尘和其他一些细碎物不可能进入武器内部，因为连拉机柄槽的缝隙也进行了密封处理。它采用 M16 步枪所使用的标准 30 发弹匣供弹，弹匣卡笋在戴上防核生化手套后也可使用。

F2000 是 5.56mm 口径的突击步枪，整体为无托结构，大量采用聚合物部件，外表光滑，呈流线形，且结构紧凑。它共有 3 种型号：带光学瞄具的基本型、带 40mm 榴弹发射器及折叠式机械瞄具型、带 40mm 榴弹发射器及火控系统型，所有型号的 F2000 均可戴夜视眼镜使用。其机匣上有一个聚合物框座，里面包含有机械瞄具及模制燕尾槽，框座里很合潮流地带有一个美国军用标准 MIL-STD-1913 皮卡汀尼导轨，上面可安装光学瞄具。拉机柄在机匣左侧，两只手均可操作。

▼F2000 突击步枪扳机细节图

▼F2000 突击步枪枪口细节图

4 FAL 突击步枪

▼ FAL 突击步枪握把细节图

FAL 突击步枪基本参数	
全枪长（固定枪托）：	1 090mm
枪管长：	533mm
瞄准基线长：	553mm
空枪重：	4.25kg
理论射速：	650~700rpm
初速：	840m/s
枪口动能：	3 417J

4 FAL 突击步枪

FAL 突击步枪简介

▼FAL 突击步枪线稿图

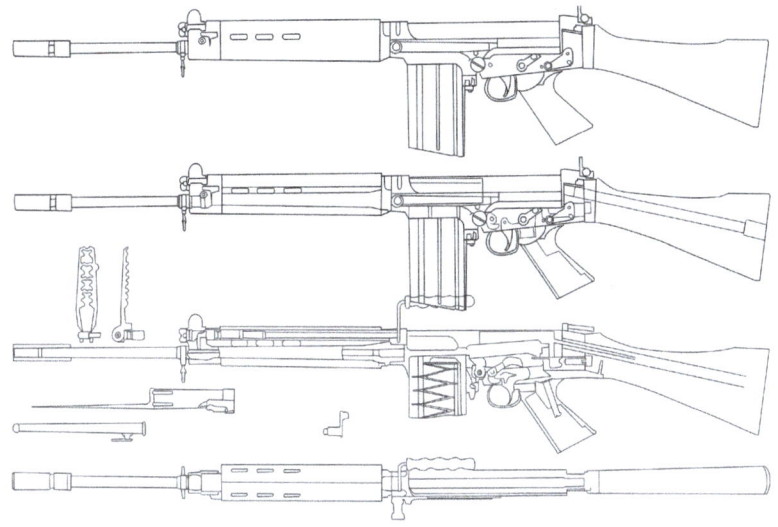

FN 公司的公制式 FAL 主要有以下几种型号。

● FAL 50.00：标准步枪型，一般称为 FAL。其枪管长 533mm，固定式尼龙枪托和护木，枪托底板上有橡胶缓冲垫。

● FAL 50.41：重型枪管的轻机枪型，采用塑料枪托，枪管重量是标准型枪管的两倍，并配有两脚架，但不能装刺刀和榴弹发射器。

● FAL 50.42：重型枪管的轻机枪型，采用木制枪托，枪管重量是标准型枪管的两倍，并配有两脚架，但不能装刺刀和榴弹发射器。50.41 与 50.42 被统称为 FALO（"重型 FAL"的法语缩写）或 FAL HBAR（重型枪管自动步枪的英语缩写）。

● FAL 50.61：标准长度（533mm）的枪管，配折叠枪托的伞兵型，采用翻转式简单照门。

● FAL 50.63：短枪管，配折叠枪托的伞兵型，一般称为 FAL Para（伞兵的缩写）。该枪有两种不同长度的枪管，即 436mm 和 458mm，其中较短的枪型被比利时伞兵采用。

● FAL 50.64：折叠枪托和标准枪管的伞兵型，与 50.61 相似，但采用被称为"Hiduminium"的铝合金下机匣以减轻重量。

虽然比利时是 FAL 步枪的"娘家"，但比利时军队在 1956 年才正式采用 FAL，FN 公司也吸收了此前其他国家对 FAL 的一些改进经验，从这一年开始定下 FAL 生产型的最终形式（例如降低了瞄准基线）。FN 公司除了为本国军队生产 FAL 外，还为其他几十个国家生产公制式 FAL，但一些国家的订单会根据各自的需要，在快慢机、瞄具、消焰器、两脚架、刺刀座等方面提出小范围的更改，变为各自需求的型号。

▼FAL 突击步枪弹匣细节图

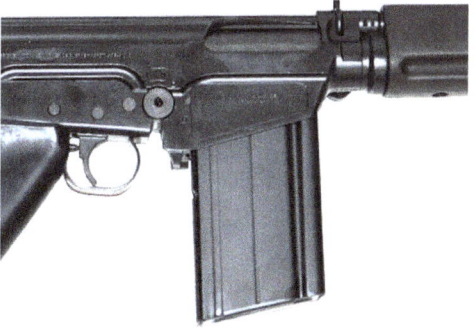

5 SCAR 突击步枪

▼ SCAR 突击步枪枪托细节图

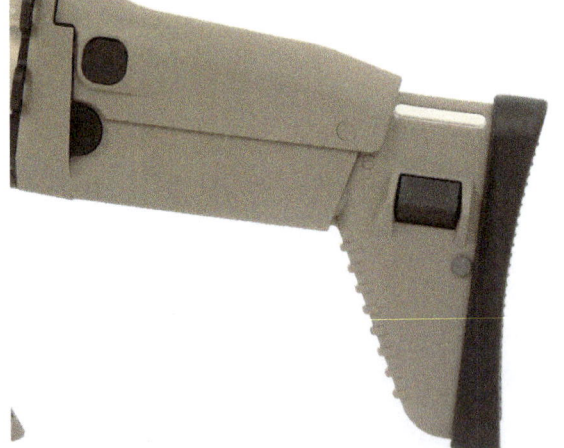

SCAR 突击步枪基本参数	
口径：	5.56mm
全枪长（枪托展开/折叠）：	850/620mm
空枪重：	3.5kg
理论射速：	600rpm
弹匣容量：	30/20rds

5　SCAR 突击步枪

SCAR 突击步枪简介

美国特种作战司令部(USSOCOM)在 2003 年 10 月 15 日正式提出特种作战部队战斗突击步枪(Special Operations Forces Combat Assault Rifle——SCAR)的招标要求，该项目要求采用一种全新设计的模块化武器来代替 M16、M4，能够在很短的时间内根据不同目的更换 3 种长度的枪管，并能快速转换口径类型。由于 SCAR 的研究工作非常低调，而 HK 公司和美国陆军大张旗鼓地宣传 XM8 项目中的许多性能正好与 SCAR 的设想吻合，所以此时许多人都猜测 XM8 如果被美国陆军采用，也将被特种部队采用，但美军特战司令部最终还是选择了由 FN 公司设计研发的 SCAR 突击步枪。

此枪族有两种主要版本，一种是使用 5.56 NATO 的 SCAR-L（轻型版），一种是使用 7.62 NATO 的 SCAR-H（重型版），两种都可以改装成"狙击型态"或"近战型态"(Close Quarters Combat)。FN SCAR 首次于 2007 年 7 月开始小批量生产和有限地配给部队。

▼ SCAR 突击步枪枪身细节图

▼ SCAR 突击步枪枪托细节图

▼ SCAR 突击步枪枪口细节图

因为 SCAR-L 和 SCAR-H 有最大程度的零件通用性，所以形成了枪族，这样的通用性将减少使用人员的训练时间，提高任务效果，并提高特种部队成员在紧急状况时的应变能力。SCAR 系统要求坚固耐用、高可靠性、容易控制全自动射击、低故障率、人机工程极好、耐腐蚀，能够在不润滑的情况下射击（理想要求）或至少在最少润滑的情况下射击（最低要求），并只需要很少的维护工作量。

6 FNC 突击步枪

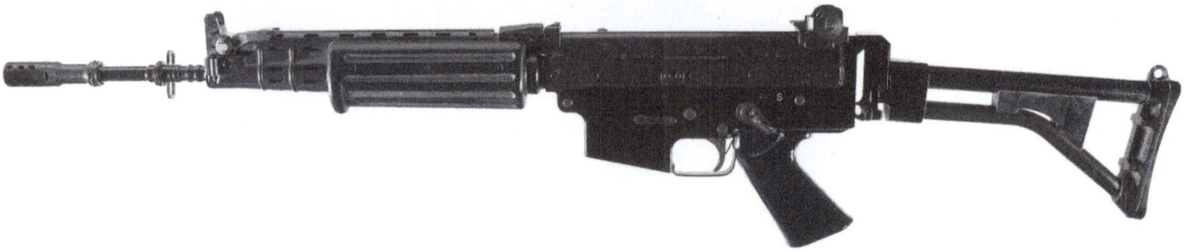

▼FNC 突击步枪枪托细节图

FNC 突击步枪基本参数	
口径：	5.56mm
全枪长（枪托展开/折叠）：	850/620mm
空枪重：	3.5kg
理论射速：	600rpm
弹匣容量：	30/20rds

6 FNC 突击步枪

FNC 突击步枪简介

　　FN 公司的设计师以 CAL 步枪为基础改进出另一个产品，命名为 FNC（Fabrique Nationale Carabine, FN 公司的卡宾枪），正式名称是 FNC76, 并参加了 1976 年的 "北约下一代步枪选型试验"。FNC76 的外形和 CAL 基本相同，主要不同点是 FNC76 的冲压钢机匣的结构简化，而且用两个对称的闭锁凸笋代替 CAL 枪机上的两排闭锁断隔螺，实际上 FNC 的长行程导气活塞和双闭锁凸笋枪机直接参照了 AK 系统的设计。另外，FNC 使用比利时研制的 SS109 弹。由于 SS109 弹采用铅、钢复合式弹芯，弹头重量加大至 4.02g，因此远距离性能大为改善。在这次改进中，FN 公司的设计师重视了操作简单和性能可靠，但由于 FNC 样枪在选型试验中出现了枪机凸笋裂缝等故障，最终还是退出了竞争行列。

▼FNC 突击步枪分解图

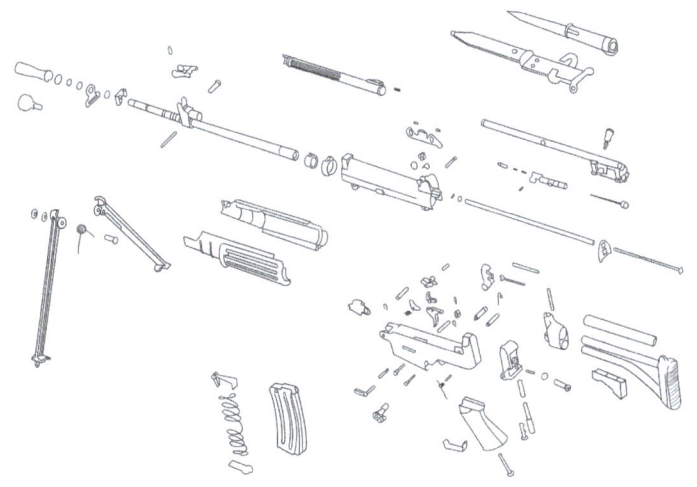

　　FNC 的枪管用高级优质钢制成，内膛精锻成型，故强度、硬度、韧性较好，耐蚀、抗磨。枪管前部有一个直径为 22mm 的圆筒形消焰器兼枪榴弹发射器。导气箍装在枪管上方，提高了武器重心，使之与枪管轴线重合，消除了射击时枪管上跳的现象。发射枪榴弹时，可作为枪榴弹瞄准具用的气塞架折叠在准星上方，截断进入活塞筒的气流，以保证火药气体压力全部作用于枪榴弹的尾部。枪口部有刺刀座安装美国的 M7 刺刀，FNC 也有专门研制的刺刀。

▼FNC 突击步枪导轨细节图

▼FNC 突击步枪枪口细节图

　　1976 年 4 月至 1978 年底，FN 公司针对试验中暴露的问题对该枪进行了改进，主要包括加强枪托，以便发射枪榴弹；增加机匣强度；增加空仓挂机装置；改进气体调节器、护木、弹匣卡笋等的设计；针对 FNC76 在选型试验中暴露出来的问题把击针改装在机框内，同时减小击针孔径，由此减少了小口径步枪容易出现的底火击穿、炸壳等故障。另外，该枪的勤务性和特种条件下的可靠性也有提高。改进后，FN 公司在 1979 年推出了新的 FNC，并于 1980 年底开始投产，命名为 FNC80（也有人称 FNC79），投产后的 FNC 采用了先进的生产工艺和新的生产设备，如数控机厂等，以提高生产质量。制造一把 FNC 突击步枪需要 421 台机器和 98 份操作手册。直到 1987 年，比利时军方才决定用 FNC 取代原装备的 FAL 步枪，同年，FN 公司的 FAL 步枪停产。

罗宾逊 XCR 突击步枪

▼ 罗宾逊 XCR 突击步枪枪托细节图

罗宾逊 XCR 突击步枪基本参数	
总重：	3.4kg
弹药：	5.56×45mm
	7.62×39mm
	6.8SPC
口径：	5.56、7.62、6.8mm
枪机种类：	短行程导气式活塞
	转栓式枪机
供弹方式：	20、26、30、32 发
	STANG 弹匣

7 罗宾逊 XCR 突击步枪

罗宾逊 XCR 突击步枪简介

罗宾逊 XCR Modular Weapon System 是由罗宾逊公司在 2005 年参选美军特种作战司令部的 SCAR 计划所推出的多口径突击步枪,但最后因空包弹助退器在限期前没有送到而被取消资格。

▼ 罗宾逊 XCR 突击步枪完整图

▼ 罗宾逊 XCR 突击步枪完整图

XCR 有 3 种口径,包括北约通用的 5.56×45mm、AK-47 通用的 7.62×39mm 及特种口径 6.8 SPC,罗宾逊公司在被取消资格后仍然继续生产。XCR 有多种长度的枪管版本,如 11.5in、14.5in、16.2in、18.5in 及 20in,部分长度的枪管亦有加厚或加重加厚版本,更换不同的口径机匣及枪管只需数分钟,上机匣顶部装有战术导轨以加装各种瞄准镜,护木的上、下、左、右位置共有 4 条战术导轨,机匣两边皆有弹匣释放钮及射击选择钮,装有一度火扳机、折叠枪托。罗宾逊公司指出 XCR 的导气系统如 AK-47 般可靠,枪机品质比 M16/M4 更优秀,目前推出的是 XCR 半自动民用型。

▼ 罗宾逊 XCR 突击步枪枪管细节图

8　G3 突击步枪

▼ G3 突击步枪枪膛细节图

G3 突击步枪基本参数	
枪管长：	450mm
全枪长：	1 025mm
瞄准基线长：	572mm
空枪重：	4.71kg
射速：	600rpm
有效射程：	400m
弹匣容量：	20rds
发射方式：	单发、连发
膛线：	4 条，右旋，缠距为 305mm

8　G3 突击步枪

G3 突击步枪简介

▼ G3 突击步枪枪管细节图

　　1952 年，CETME 原型枪第一次试射。新枪引起了美国军方的关注，美军军事代表团还特意表示可以到美国免费试验新枪，1954 年，CETME 步枪改为发射 7.62mm NATO 弹。当时的联邦德国正需要新枪装备部队，在 1956 年 4 月，与西班牙政府签订合同，重新修改并订购首批 500 支 CETME 步枪，条件是由 HK 公司生产，而路德维希·福尔格里姆勒也随 CETME 步枪回到了德国。

　　1957 年初，部队试验结束。同年 4 月，委员会做出装备该枪的决定，于是又与西班牙谈判特许生产的问题，到 1958 年达成协议，1958 年 5 月，联邦政府下达批文把生产任务交给 HK 公司。HK 公司根据试验部队提出的改进意见对 CETME 步枪进行了改进，改进后的步枪就是世界著名的 G3 步枪。

　　从 1959 年到现在，世界上共有 80 多个国家购买了 G3 步枪，其中有 10 多个国家获得了特许生产权。虽然在 20 世纪 70 年代后期，世界上出现了换装小口径突击步枪的潮流，但现在仍有 40 多个国家在使用 G3。HK 公司在 G3 步枪的基础上，在很短的时间内就通过了枪械局部的变换，迅速地扩展出包括冲锋枪、轻机枪、狙击步枪在内的多种变形枪，使 G3 系统成为世界上变形枪最多的枪械，而通过 G3 系统起家的 HK 公司也成为世界上最著名的枪械厂家。在 1977 年举行的北约下一代步枪选型试验中，G3 也是参加对比鉴定的武器之一。

▼ G3 突击步枪弹匣细节图

9 G36 突击步枪

G36 突击步枪基本参数			
型号：	G36	G36E	G36K
全长：	998/758mm	998/758mm	860/615mm
枪管长：	480mm	480mm	320mm
射速：	750rpm	750rpm	750rpm
枪全高：	320mm	285mm	320mm
全宽：	64mm	64mm	64mm
空枪重：	3.6kg	3.6kg	3.6kg
弹匣容量：	30/100rds	30/100rds	30/100rds

9　G36 突击步枪

G36 突击步枪简介

1993 年 9 月，由德国海、陆、空军和联邦国防技术与采购署的专家组成的工作组对市场上出售的 10 种步枪和 7 种轻机枪进行了预选，但其中有部分枪型只是作为性能参考。在试验过程中，军方提出班组支援武器必须与步枪使用相同的结构，立即淘汰掉一批枪型，只剩下英国的 L85A1、奥地利斯太尔 – 曼利彻尔（Steyr-mannlicher）公司的 AUG 步枪和 H&K 公司的 HK50 步枪进行对比试验。L85 系列由于故障率偏高很快被淘汰，最后的对比在 AUG 和 HK50 之间进行。

当时轻武器界的评论家们大多看好 AUG，因为 AUG 早已名闻天下，而 HK50 只是刚推出市面的"新兵"。直到此时，包括著名的英国《简氏步兵武器年鉴》在内的各种枪械刊物均未提到过这支枪，HK50 可谓"无名无分"。

经过短时间的对比试验评估后，德国军方在 1995 年选择了 HK50，要求 HK 公司进行改进，并同时将其命名为军方的编号"36 型步枪"(Gewehr 36)，简称 G36。就这样，HK50 出人意料地爆冷胜出。究其原因，竟然是它的那个独特的两段式控制单发和连发的扳机系统，尽管斯太尔公司专门为了适应德国军方要求将 AUG 的保险钮改为兼具快慢机功能，但使用起来不容易准确地判断出当前选择是保险还是单发或连发。

▼ G36 突击步枪枪身细节图

▼ G36 突击步枪弹匣细节图

▼ G36 突击步枪支架细节图

德国原计划从 1995 年开始装备第一批 G36 和 MG36，但第一批枪支的交付时间却推迟到 1996 年的第 3 季度，不过整个联邦国防军的换装还是比预定计划提前。1997 年 12 月 3 日，在哈默堡举行了一个换装仪式，当哈默堡步兵学校司令员魏德将军将一支 G36 步枪和一支 P8 手枪授予一名陆、海、空三军代表的士兵后，德国士兵就正式告别了使用 35 年之久的 G3 步枪。除德国以外，G36 也被西班牙以及世界上许多国家的特种部队和执法部门所使用。该步枪也在科索沃和阿富汗战场上经历了实战。

10 G41 突击步枪

▼G41 突击步枪完整图

G41 突击步枪基本参数	
全枪长：	997mm
枪管长：	450mm
有效射程：	600m
缠距：	178mm
射速：	850rpm
初速：	910m/s
弹匣容量：	30rds

10 G41 突击步枪

G41 突击步枪简介

▼ G41 突击步枪枪管细节图

HK 公司研发的 G41 突击步枪和 HK33 一样发射 5.56mm 北约标准弹，但使用 M16 的标准弹匣。它曾在 1979 年 9 月交付部队试验，并在 20 世纪 80 年代初参与意大利军方新式步枪投标。G41 在开发时，所有的经费都由 HK 公司独力负担，结果意大利军方没有采用。由于 G11 的发展计划遥遥无期，HK 公司也希望 G41 突击步枪能临时满足德国军方对 5.56mm 步枪的需求。但 G41 无法替代 G3 或 G11，原因有很多，其中最大的原因就是价格。每支 G41 大约要 1 700 美元，相比 M16 这类同时代的产品，G41 在"超乎意料"的价钱上却体现不出超乎意料的性能。

▼ G41 突击步枪枪身细节图

▼ G41 突击步枪的内部构造图

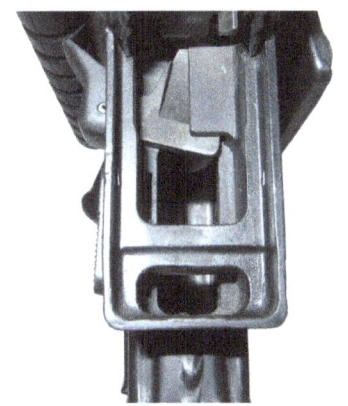

该枪的枪机系统和击发机构均采用 G3 的设计，机匣、拉机柄、枪托等也与 G3 步枪相同。但为了通用 M16 的弹匣，弹匣座的设计与 G3 不同，配用 HK 公司生产的 30 发铝制弹匣。护木也采用了类似 M16A1 的设计，其断面为三角形。在全枪的质心位置有一个可折叠的提把，并配有可拆卸的两脚架，该枪有空仓挂机功能，枪机在弹匣打空后处于开锁状态。保险、快慢机柄有 4 个挡，分别为保险、单发、3 发点射和连发。G41 的全枪设计寿命超过 20 000 发。

11 HK33 突击步枪

▼HK33 突击步枪瞄准镜细节图

HK33 突击步枪基本参数	
全枪长：	865mm
全枪宽：	58mm
全枪重：	3.6kg
全高：	210mm
瞄准基线长：	480mm
枪管长：	322mm
射速：	700rpm
弹匣容量：	25/30/40rds

11 HK33 突击步枪

HK33 突击步枪简介

▼ HK33 突击步枪枪身细节图

自从 1958 年柯尔特公司研发的 M16 自动步枪被美军选用,世界上就掀起一片小口径步枪的风潮。为顺应市场需要,HK 公司以 G3 步枪为基础开发出几种不同口径的步枪,HK33 是以 G3 为基础开发的第一支使用 5.56mm 步枪弹的自动步枪。HK33 在德国基本上没有装备,但在第三世界国家相当受欢迎,出口型一般称为 HK33E,E 是出口产品的意思。HK33 通常配 25 发钢弹匣或 40 发铝弹匣。最近 HK 公司向执法机构和军用市场推出了钢制的 30 发弹匣,弹匣非常坚固,能承受车辆的辗压。目前装备 HK33 的军队有马来西亚、智利、泰国等,土耳其在 1999 年开始被特许生产 HK33。此外还有一些国家或地区的执法机构少量采用 HK33 自动步枪。

HK33 系列中大多数的型号是 HK33 A2 和 A3,前者为固定枪托,后者为伸缩枪托。另外还有短枪管型的 HK33K。

▼ HK33 突击步枪弹匣细节图

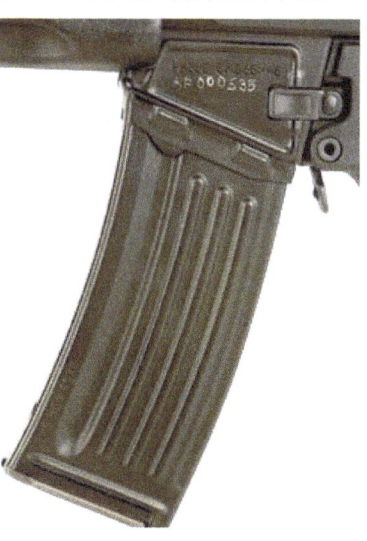

▼ HK33 突击步枪枪口细节图

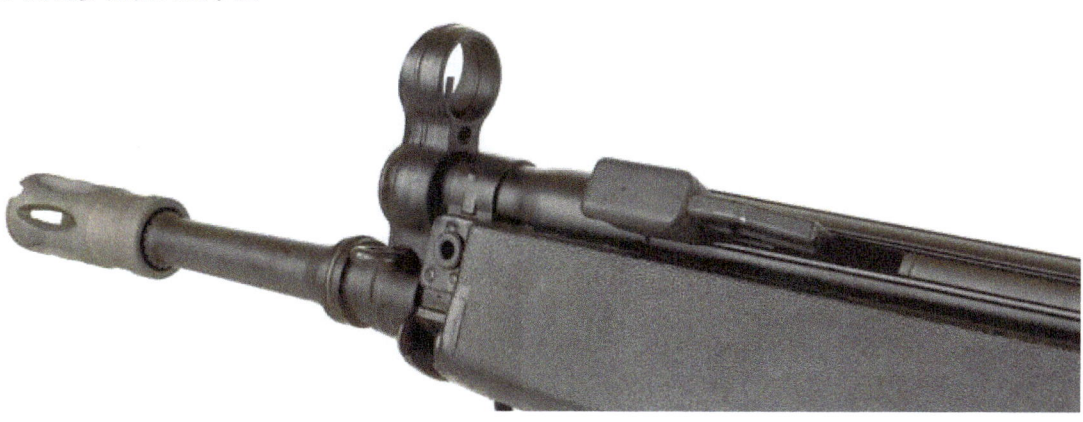

12　HK416 突击步枪

▼HK416 突击步枪枪托细节图

HK416 突击步枪基本参数
全枪长（枪托展开/折叠）：　797/701mm
枪管长：　264mm
空枪重：　3.02kg
枪宽：　78mm
枪高：　240mm

12 HK416 突击步枪

HK416 突击步枪简介

▼ HK416 突击步枪握把细节图

▼ HK416 突击步枪细节图

2004 年，在美国拉斯维加斯举行的枪展上 HK 公司展出了几种新产品，除了 XM8 和 P2000SK 以外，还有一种统称为"HKM4"（注意不是 HK 的"M4"，而是"HKM4"）的卡宾枪系列产品。这种武器实际上是对 M16 系列步枪的改装，命名为 HKM4 而不是 HKM16 大概是因为 M4 这个名字更有商业宣传价值。当时，由于许多公司都生产和出售外形和名称与 M4 相似的步枪，柯尔特公司极为不满，在 2004 年 4 月首先向 HK 公司和 Bushmaster "开刀"，向法院提出诉讼。柯尔特公司打赢了与 HK 公司的官司，可能是出于这个原因，迫使 HK 公司放弃了"HKM4"这个名称，而把这一系列产品改称为"HK416"，其中的"4"大概是指 M4，"16"大概是指 M16。

▼ HK416 突击步枪枪管细节图

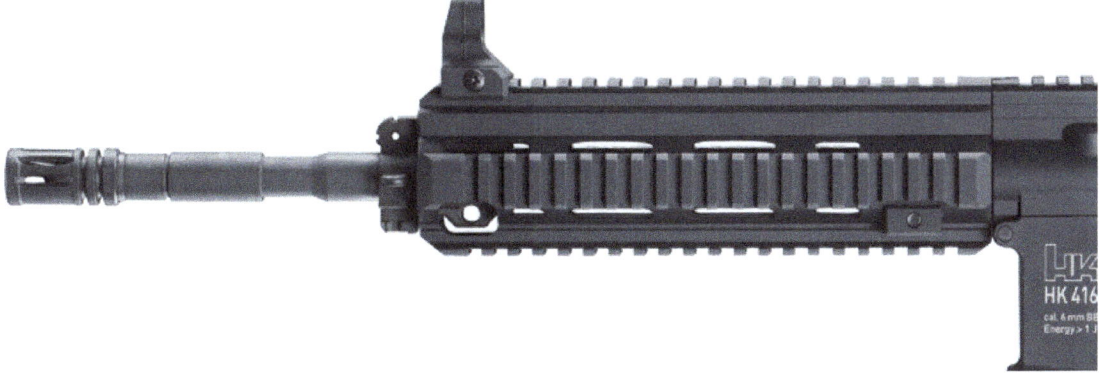

13 HK417 突击步枪

HK417 突击步枪基本参数			
型号：	12in 型	16in 型	20in 型
全长（枪托展开/折叠）：	885/805mm	985/905mm	1 085/1 005mm
枪管长：	305mm	406mm	508mm
空枪重：	3.87kg	4.05kg	4.05kg
枪口初速：	709m/s	750m/s	750m/s
理论射速：	600rpm	600rpm	600rpm

13 HK417 突击步枪

HK417 突击步枪简介

▼HK417 瞄准镜细节图

HK417 是 HK416 的 7.62mm×51mm NATO 口径型，HK416 与 HK417 的关系就像 SCAR-L 和 SCAR-H，是同一枪族的两种口径型。HK417 配用 G3 的 20 发弹匣，除口径不同外，其他方面与 HK416 基本相同。该枪目前已在亚利桑那州完成了为期两周的沙漠试验，试验中发射了 20 000 多发弹，试验的样枪枪管长 317mm。在 2006 年的 SHOT SHOW 上，HK 公司展出了一种外观与早期稍有不同的 HK417，但从 2008 年开始推出的 HK417 量产型的外形与 2006 年时的原型枪又有所不同，而且弹匣从原来的金属弹匣改为半透明塑料弹匣，容量有 10 发和 20 发两种，另外可配 50 发塑料弹鼓。HK417 目前已少量装备了一些国家的特种部队或特警队。

▼HK417 突击步枪弹匣细节图

▼HK417 突击步枪枪托细节图

▼HK417 突击步枪枪身细节图

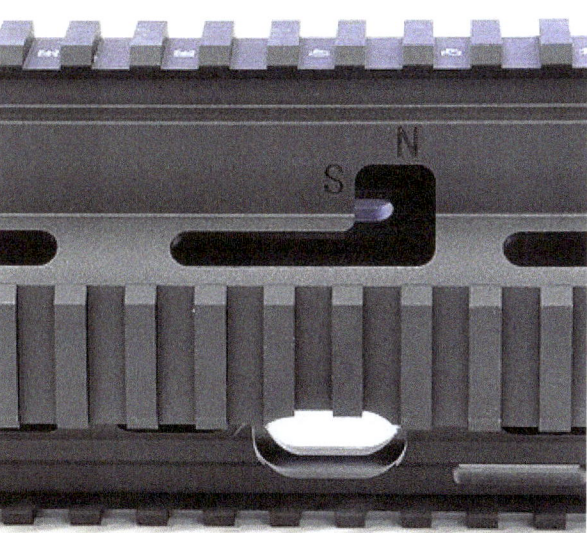

14 海白尔 KH2002 突击步枪

▼ 海白尔 KH2002 突击步枪枪口细节图

海白尔 KH2002 突击步枪基本参数	
枪重：	3.7kg
枪管长度：	780mm
弹药：	5.56×45mm
口径：	5.56mm
枪机种类：	直接导气式，转栓式枪机
发射速率：	800~850rpm
枪口初速：	900~950m/s
有效射程：	450m

14 海白尔 KH2002 突击步枪

海白尔 KH2002 突击步枪简介

KH2002 "Khaybar" 是一种由伊朗国防工业组织研制的犊牛式突击步枪，该枪是以 DIO S 5.56 突击步枪（仿自中国制 CQ 突击步枪）作为基础衍生而成的产物。目前伊朗军队正打算用 DIO S 5.56 和 KH2002 取代服役了 40 多年的 G3 自动步枪，并作为他们的新一代制式步枪。

▼ 海白尔 KH2002 突击步枪完整图

KH2002 的外型类似法国制 FAMAS 突击步枪，此枪发射 5.56×45mm 小口径步枪弹并以 30 发容量的 STANAG 弹匣供弹。其快慢机位于弹匣插槽后面的枪托左后侧位置，并设有安全、半自动、三发点发和全自动 4 种模式供射手选择。伊朗国防工业组织宣称 KH2002 是一种具备低后坐力、高精确度、轻便并拥有模块化结构以便维护的武器系统。基于其模块化设计的原故，此枪有 3 个版本，即标准型突击步枪、短管卡宾枪和长枪管精确射手步枪，这 3 种武器的枪管皆可互换，这使得武器能够在战场上有较高的战术弹性。其枪机系统与其原型 DIO S 5.56（北方工业 CQ 的仿制品）相同，而 DIO S 5.56 和北方工业 CQ 又是美国 M16A1 的仿制品。与 FAMAS、86S 式和 QBZ-95 等犊牛式突击步枪相同，KH2002 也附有提把，若有需要用户可在上面安装瞄准镜和夜视装置，拉机柄也位于提把里面。此外，此枪还可对应刺刀和两脚架。然而基于本枪是犊牛式设计的原故，所以并不利于肉搏战，不过基于其较短的枪身也使它较适合用于近身距离作战。

▼ 海白尔 KH2002 突击步枪扳机细节图

▼ 海白尔 KH2002 突击步枪握把细节图

15 MP7 个人防卫武器

▼MP7 个人防卫武器枪口细节图

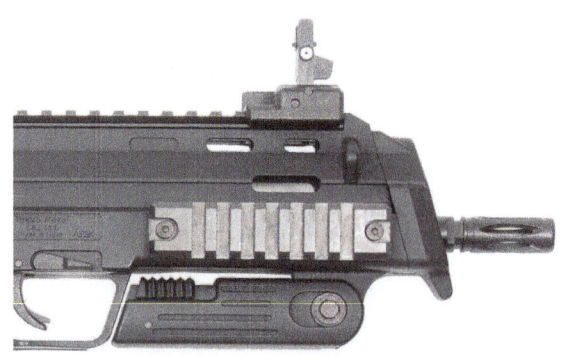

MP7 个人防卫武器基本参数	
全枪长（枪托展开/折叠）：	640/420mm
枪管长：	180mm
全宽：	45mm
全高：	172mm
弹匣容量：	20/40rds

15 MP7 个人防卫武器

MP7 个人防卫武器简介

　　MP7 冲锋枪原称单兵自卫武器（PDW），由德国 HK 公司研发生产，于 1999 年正式亮相，2000 年被德军采用成为制式装备，此后 MP7 开始频繁地出现在各大武器交易展览会中，引起了人们的广泛关注。

　　在如今的轻武器市场，MP7 可谓大红大紫，在问世后的短短 2~3 年时间里已先后出口到 17 个国家，销售量直线上升，最近有消息称，美军决定列装 MP7 冲锋枪的最终改进型——MP7A1 型冲锋枪，主要配给指挥员和后勤人员使用。这个业绩着实让北约的另一个轻武器业巨头——比利时 FN 公司眼红，同属单兵自卫武器的 P90 在市场上拼搏了 10 多年却只销售了几千支。现在看起来倒不是单兵自卫武器没有市场，而是 FN 公司选错了市场切入时机。

▼MP7 个人防卫武器导轨细节图

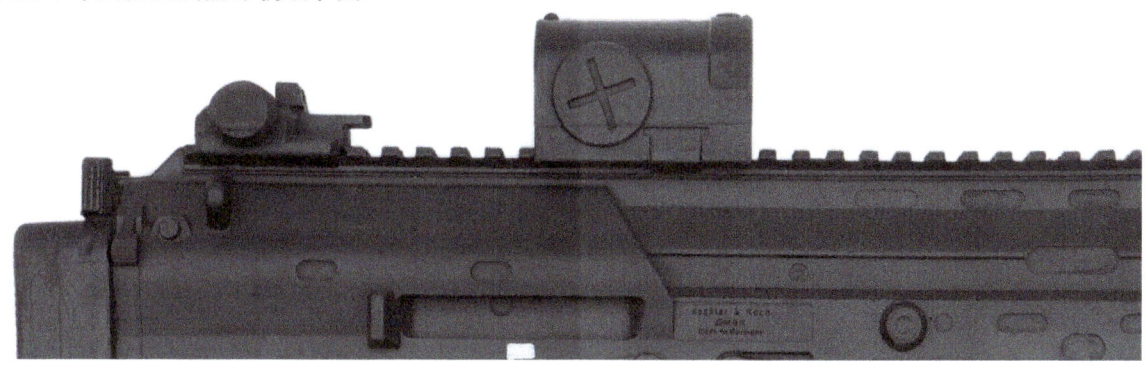

▼MP7 个人防卫武器握把细节图

▼MP7 个人防卫武器枪托细节图

▼MP7 个人防卫武器枪身标识细节图

16 SL8 运动步枪

▼ SL8 运动步枪枪托细节图

SL8 运动步枪基本参数	
枪管长：	510mm
全枪长：	980mm
弹匣容量：	10rds
重量：	4.2kg
发射方式：	单发

16 SL8 运动步枪

SL8 运动步枪简介

SL8 是 HK 公司在 G36 的基础上改装的运动步枪,5.56mm×45mm 北约口径,不过主要发射的是 .223 雷明顿弹。SL8 和 G36 有着相同的结构,但在外观上有极大的不同,最明显的是 SL8 的外表是浅灰色或白色的。SL8 只可半自动射击,配有带拇指孔的固定式枪托,贴腮板和托底板皆可调节。其护木没有通风孔,也不能使用 MG36 的两脚架,没有刺刀座和消焰器,前、后的连接销改为螺丝杆。标准的瞄准具是安装在一个向前延伸的长桥形导轨座上的机械瞄具,导轨可方便地配置光学瞄准镜。机械瞄具也可换成与 G36 上相同的紧凑型 3 倍光学瞄准镜,但没有提把。SL8 可安装所有的 G36 瞄准具和前护木。

▼SL8 运动步枪枪身细节图

▼SL8 运动步枪扳机细节图

最基本的欧洲型称为 SL8,采用双排 10 发弹匣,不能安装 G36 的 30 发弹匣。不过如果对 G36 的弹匣做一些改装,或干脆修改机匣,还是能在 SL8 上使用的。对于德国的 SL8 拥有者来说,国家禁止在 SL8 上使用大容量弹匣,即使在那些能够合法出售 G36 弹匣的国家,HK 公司也严格限制向平民出售 G36 弹匣,所以这种弹匣在民用市场上很少见,价格也相应地被炒高。曾有一家名为 Ehrenreich GmbH 的德国公司出售过经过改装的 30 发和 42 发的 AUG 弹匣,可直接在 SL8 上使用,据说效果很好,但由于数量较少,价位也被炒高。

▼SL8 运动步枪枪托细节图

17 UMP45 突击步枪

▼UMP45 突击步枪握把细节图

UMP45 突击步枪基本参数	
空枪重：	2.1kg
枪管长：	200mm
全枪长：	450/690mm
全枪宽：	63.5mm
全枪高：	326mm
弹匣容量：	10/25rds

17 UMP45 突击步枪

UMP45 突击步枪简介

▼UMP45 突击步枪瞄准镜细节图

近年来，美国特种部队都选择使用.45ACP 的手枪来替代威力较小的 9mm 手枪作为自卫武器，而 HK 公司专门为美国特种部队开发的 MK23 SOCOM 则主要是作为战斗武器而不是自卫武器，但美国特种部队所采用的冲锋枪仍然是 9mm 口径的 MP5；在使用消音器时，为达到效果常常需要用亚音速弹，但 9mm 亚音速弹的战斗性能不佳，而且由于手枪和冲锋枪所用的子弹不同，对后勤供应也造成不便，因此在执行特种作战任务时希望突击步枪也能改用.45ACP 弹。但不仅在 HK 公司的冲锋枪中没有.45 口径的，在现役的冲锋枪中也根本没有适合拯救人质这一类的特种作战用的.45ACP 口径型号。在这种背景下，HK 公司开发了全新的".45 口径通用突击步枪 (Universal Machine Pistol, UMP45)"，并于 1998 年底交付试验。

▼UMP45 突击步枪弹匣细节图 ▼UMP45 突击步枪榴弹发射器细节图

18 A-91M 突击步枪

▼ A-91M 突击步枪弹匣细节图

A-91M 突击步枪基本参数	
全枪长：	660mm
空枪重：	3.97kg
射速：	600~800rpm
弹匣容量：	30rds

18 A-91M 突击步枪

A-91M 突击步枪简介

▼ A-91M 突击步枪分解结构图

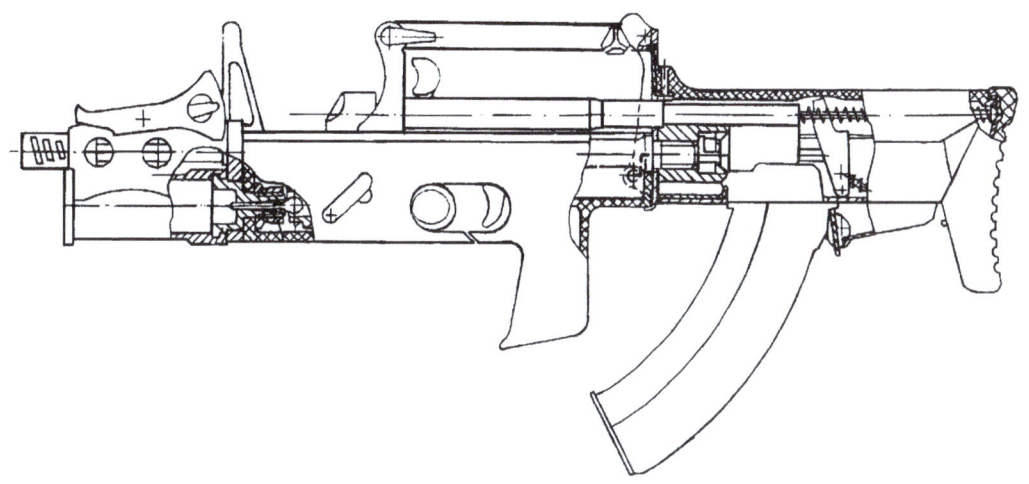

▼ A-91M 突击步枪枪托细节图

A-91 突击步枪（有时也被称为 A-91M）是由 KBP 设计局在 20 世纪 90 年代开发研制的，是 9A-91 步枪的一个无托结构化新品。虽然 A-91 保留了 9A-91 基本的导气系统、枪机和击发机构，但整体结构改为无托式的聚合物枪身，并在枪管下方整合了一个 40mm 榴弹发射器。A-91 在 20 世纪 90 年代中期的原型是把榴弹发射器整合在枪管上方的，并有一个带榴弹发射器控制扳机的垂直形前握把，而定型的 A-91 则把榴弹发射器改在枪管下方，并兼作前护木。

A-91 最特别的地方是采用了向前抛壳的系统，类似于 FN F2000 的抛壳作用，俄罗斯方面的资料显示，早在 20 世纪 60 年代的前苏联期间，图拉的设计师就已经开始研制这种抛壳系统。当时的设计师注意到虽然无托结构可以在保证枪管长度的前提下缩短全枪长度，却带来了几个固有缺点，其中有两个与抛壳口接近贴腮位置有关：一是可以左、右手射击的问题，当左手射击时弹壳会打到射击者的脸上；二是从抛壳口喷出的火药燃气会熏到眼睛，干扰瞄准射击。所以，KBP 设计出了向前抛壳这一理念，用于避免上述问题。

A-91 早期原型的榴弹发射器扳机在前握把的前方，而定型后的产品是采用双扳机，前面的扳机控制榴弹发射器，后面的则控制步枪。在机匣右侧和弹匣座上方有一个大型的快慢机、保险杆。在步枪的扳机内还另外配有一个自动扳机保险装置（有点类似于 Glock 手枪）。拉机柄在机匣上方，提把下面，左、右手均可操作。

19 AK-47 突击步枪

▼ AK-47 突击步枪弹匣细节图

AK-47 突击步枪基本参数	
口径：	7.62mm
全长（固定枪托型）：	870mm
全长（折叠枪托型）：	645mm
枪管长度：	415mm
枪机种类：	长行程导气式活塞，转栓式枪机
发射速率：	600rpm
枪口初速：	710m/s
有效射程：	300m
最大射程：	400m
供弹方式：	30、40 发弹匣，75、100 发弹鼓
瞄准具型式：	金属机械照门，378mm 瞄准基线

19 AK-47 突击步枪

AK-47 突击步枪简介

AK-47 式突击步枪是由前苏联武器大师卡拉什尼科夫设计研制的世界最著名的突击步枪。其由于坚固耐用、结构简单等众多特点，一度成为包括美国在内的世界各国士兵最喜爱的步枪。

左面的大图就是最终定型并在 1949 年正式投入生产的 AK-47 突击步枪，这种武器为机械化步兵研制，同一年被前苏联军队正式采用。这种型号并没有刺刀，机匣和许多配件是用冲压工艺生产的，采用冲压工艺的好处是材料消耗少、生产效率高。许多人把这种早期的 AK-47 称为"第 1 型"，以区分 1951 年和 1953 年生产的 AK-47。

AK-47 自动步枪的各个单项指标并不出类拔萃，但是综合性能很平衡，结构简单、结实耐用、故障极少、造价低廉、威力巨大。AK-47 的编号来历也很简单：所谓的 47 是指这种步枪的面世时间，即 1947 年；A 是指自动步枪，K 是它的设计师——卡拉什尼科夫名字的第一个字母。

▼ AK-47 突击步枪分解图

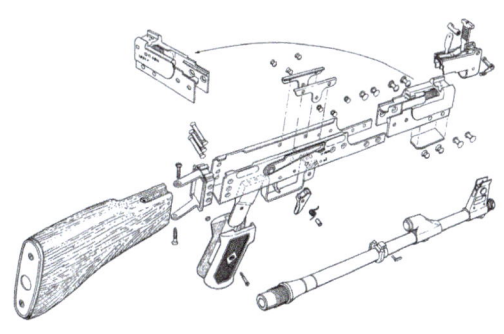

▼ AK-47 突击步枪枪口细节图

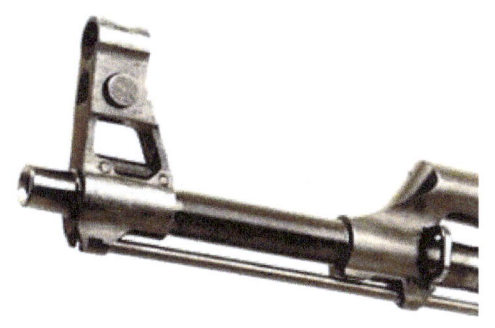

▼ AK-47 突击步枪枪托细节图

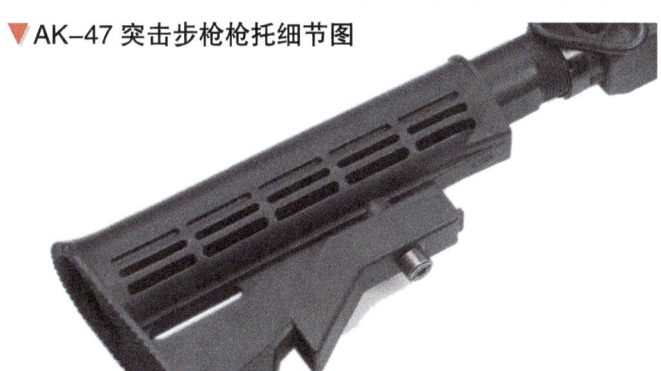

▼ AK-47 突击步枪瞄准镜细节图

AK-47 的枪管与机匣螺接在一起，膛线部分长 369mm，枪管镀铬；弹匣用钢制成；AK-47 的击发机构为击锤回转式，发射机构直接控制击锤，实现单发和连发射击；发射机构主要由机框、不到位保险、阻铁、扳机、快慢机、单发杠杆、击锤、不到位保险阻铁等组成。

从 1949 年开始，AK-47 正式大规模装备苏军。到了 20 世纪 60 年代，前苏联开始向华约盟国和第三世界国家提供这种便宜的枪械，直到 20 世纪 80 年代才停止生产。除了前苏联以外，其他一些国家也对 AK-47 自动步枪进行了大量的仿制。

卡拉什尼科夫之所以能设计出这么优秀的自动步枪，得益于他曾经是军人，知道军人最需要什么样的武器。在设计枪械时，他首先考虑的是使枪械结构简单，在寒冷、炎热、风雨、沙漠甚至水中都能使用。他认为对于一个枪械设计者来说，最大的悲哀是不被使用者接受，因此，设计师首先要考虑的是使用者。

20 AK-74 突击步枪

▼ AK_74 突击步枪弹匣细节图

AK-74 突击步枪基本参数	
口径：	5.45mm
全长（枪托展开）：	943mm
全长（枪托折叠）：	690mm
枪管长度：	415mm
枪机种类：	长行程导气式活塞，转栓式枪机
发射速率：	650rpm
枪口初速：	900m/s
有效射程：	300~500m
供弹方式：	20、30、40发弹匣
瞄准具型式：	机械瞄具、可调式表尺

20　AK-74 突击步枪

AK-74 突击步枪简介

▼ AK-74 突击步枪完整图

▼ AK-74 突击步枪扳机细节图

▼ AK-74 突击步枪枪身细节图

　　AK-74 于 20 世纪 70 年代初装备前苏联军队，逐步取代 AKM，首次露面是在 1974 年 11 月 7 日的莫斯科红场阅兵仪式上。由于 M16 的成功，在 1960－1970 年期间，许多国家纷纷研制小口径步枪，原因是小口径枪弹的综合性能高于 7.62mm 中间威力型弹，于是前苏联也开始研制新型的小口径步枪弹及武器。20 世纪 60 年代，前苏联的两位子弹设计专家维克多·萨巴尼科夫和利迪亚·布拉夫斯科亚研制了一种 5.6mm×42mm 口径的步枪弹，最后发展成现在被称为 M74 型的 5.45mm×39mm 步枪弹。同时，卡拉什尼科夫也在 20 世纪 60 年代开始对 AKM 进行改进，缩小口径以发射小口径步枪弹，研制了一批发射 5.45mm 弹的试验枪，其中就有后来的佼佼者——AK-74 突击步枪。

　　左图为最早型的 AK-74，它是为机械化步兵研制的，在 1974 年定型。AK-74 是以 AKM 为基础的，两者的原理、闭锁机构、供弹方式、击发发射机构等完全一样。但为了发射小口径的 5.45mm M74 弹，对枪机、导气箍等都做了相应的改进。其中，枪管膛线缠距缩短，使弹头转速高，飞行稳定。

　　AK-74 的枪口装置外表为圆柱形，完全是整体机加工出来的，长 81mm、直径为 25.8mm，内部为双室结构；前室的两侧各铣有一个大的方形开口，开口的后端面切割出锯齿形槽；后室开有 3 个直径为 2.5mm 的泄气孔，分布于上面和右侧面。根据气体动力学原理，从膛口喷出的火药燃气在这个枪口装置中进行两次冲击、两次膨胀。气体在通过后室时，有部分气体从后室的 3 个泄气孔喷出，以达到制退和减震的综合作用；在通过前室时，大开口后端面的槽会使气体偏流 25°，让足够多的气体反冲在开口的前端面，进一步降低后坐力。

21 AK-74M 突击步枪

▼ AK-74M 突击步枪枪口弹匣、扳机细节图

AK-74M 突击步枪基本参数	
口径：	5.45mm
全长（枪托展开）：	943mm
全长（枪托折叠）：	700mm
枪管长度：	415mm
枪机种类：	
长行程导气式活塞，转栓式枪机	
发射速率：	650rpm
枪口初速：	900m/s
有效射程：	300~500m
供弹方式：	20、30、40 发弹匣
瞄准具型式：	机械瞄具、可调式表尺

21 AK-74M 突击步枪

AK-74M 突击步枪简介

▼AK-74M 突击步枪握把、扳机细节图

AK-74M 意为"现代化的 AK-74",于 1987 年开始研制。1991 年伊热夫斯克机械制造厂开始生产,1995 年俄罗斯国防部、内务部和联邦安全局的武装部队开始装备它。

尽管前苏联解体后的动荡岁月影响了该枪的装备速度,但该枪可谓是 AK-100 系列的"鼻祖",2010 年俄罗斯内务部和联邦安全局开始着手采购的 AK-200 也是以其为基础研制的。

▼AK-74M 突击步枪完整图

▼AK-74M 突击步枪枪口细节图

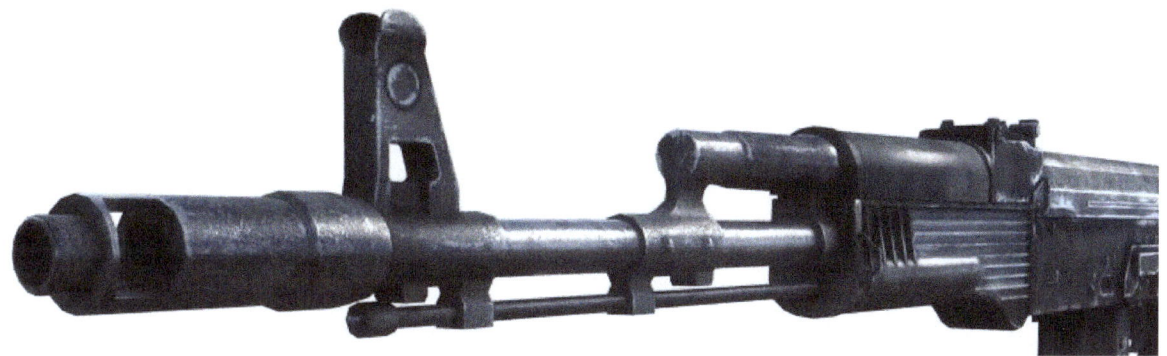

AK-74M 最明显的外观特征就是把原来鲜艳颜色的部件改为暗色,因为它以深棕色的玻璃纤维塑料代替原来的木料作为枪托、护木和握把的材料。折叠枪托内可装附品盒,护木上增加防滑纹。因为改用塑料,所以枪重降至 3.325kg。此外,塑料的热传导系数低,冲击强度和耐磨性也都高于木质。枪口制退器最初为前、后两个敞开的气室,方便擦拭。但在最后阶段又改为类似 AK-74 的设计。

该枪装备的新刺刀为黑色的塑料刀柄,造型有所改变,重 0.29kg、刃长 163mm、宽 29mm。

22 AK-105 突击步枪

▼AK-105 突击步枪枪身细节图

AK-105 突击步枪基本参数	
口径：	5.45mm×39mm
全长：	824/586mm
枪管长：	314mm
枪口初速：	840m/s
射程：	500m
空枪重（含弹匣）：	3.0kg
弹匣容量：	30rds
弹匣重：	250g
理论射速：	600rpm

22 AK-105 突击步枪

AK-105 突击步枪简介

▼ AK-105 突击步枪枪身细节图

AK-105 采用 5.45mm M74 口径，比起 AKS-74U，AK-105 最大的好处是折叠枪托内可以装附品盒，此外，枪管较长一些。有使用者认为 AK-104 与 AK-105 算是"AK 家族最后的优秀绝唱"了。

AK-105 主要装备阿尔法及其他的特种部队，还有很多加盟共和国的总统卫队选用它，都反映不错。AK-105 是比较成功的一款短突击步枪，原来的定位就是替代 AKS-74U，后来在试用中发现其性能比较出色。

在射击精度方面，对于 300m 以内的作战范围及城市攻坚战的使用环境，AK-105 的精度及穿透力在使用中是"绰绰有余"的。在敌无防护的情况下，其杀伤力无任何改变，在有防护时杀伤力高于俄军列装的 9mm 冲锋枪与 AKS-74U 步枪。

▼ AK-105 突击步枪枪口细节图

▼ AK-105 突击步枪枪管细节图

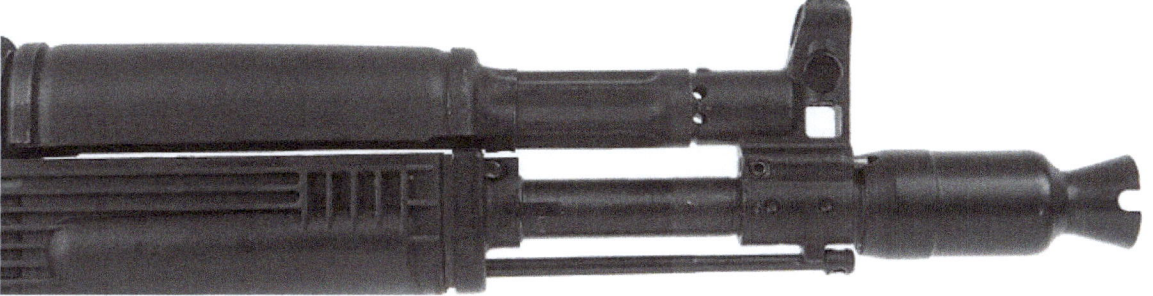

23 AK-200 突击步枪

▼ AK-200 突击步枪枪身细节图

AK-200 突击步枪基本参数	
口径：	5.45mm×39mm
全长：	824/586mm
枪管长：	314mm
枪口初速：	840m/s
射程：	500m
空枪重（含弹匣）：	3.8kg
弹匣容量：	30/50/60rds

23　AK-200 突击步枪

AK-200 突击步枪简介

　　AK-200 为俄罗斯著名的 AK 枪族的最新款，由"世界枪王"米哈伊尔·季莫费耶维奇·卡拉什尼科夫主持设计，于 2011 年在俄罗斯伊孜玛什公司的伊热夫斯克武器制造厂进行试验。这种"西化"AK 的特点之一就是采用皮卡汀尼导轨。

　　在 2010 年正式推出的 AK-200 除了采用皮卡汀尼导轨以外，还安装有 M4 式的伸缩枪托，此外在展出的样枪中还配用 60 发 4 排弹匣。AK-200 也像 AK-100 系列那样有不同口径的型号。

　　AK-200 以俄军现役的 AK-74M 为基础研制，但两者又存在着明显差异。AK-200 的重量较其前代产品增加了 500g，全重达到 3.8kg。重量之所以会出现明显增加，是因为新枪上加装了用于固定瞄准镜、手电以及激光目标指示器的滑轨。此外，研制人员还为 AK-200 设计了大容量弹夹（除传统的 30 发弹夹以外，还新增加了 50 发和 60 发容量的弹夹），而先前 AK-74M 配备的弹夹只能装 30 发子弹。

▼AK-200 突击步枪榴弹发射器细节图

　　其实在更早的时候，伊孜玛什公司就展出过在护木上整合有皮卡汀尼导轨的 AK-100。而在 2009 年，伊孜玛什公司又公布了一种在机匣盖上整合有皮卡汀尼导轨的新的 AK。传统的 AK 不能在机匣盖上加装瞄准装置，是因为 AK 的机匣盖材料轻薄而且固定不牢固，芬兰 AK 和以色列加利尔的机匣盖是重新设计过的，不仅厚重而且有 4 个配合面定位，因此可以在机匣盖上安装照门。而伊孜玛什公司为了能在机匣盖上直接加装光电瞄具，不采用传统的机匣左侧式瞄准镜座，在新的机匣盖后端增加了固定装置使机匣盖不会在射击震动时跳动。

▼AK-200 突击步枪榴弹完整图

24 AKM 突击步枪

▼AKM 突击步枪扳机细节图

AKM 突击步枪基本参数	
口径：	7.62mm×39mm
全长（带刺刀/不带刺刀）：	1 020/870mm
枪膛长：	369mm
膛线：	4 条，右旋，缠距为 240mm
瞄准基线：	378mm
枪口初速：	715m/s
枪口动能：	2 010J
理论射速：	600rpm
弹匣容量：	30rds

24 AKM 突击步枪

AKM 突击步枪简介

▼ AKM 突击步枪分解细节图

▼ AKM 突击步枪枪口细节图

"枪王"卡拉什尼科夫在 1953—1954 年对 AK-47 突击步枪进行了改进,最终定型为 AKM,并在 1959 年被前苏军装备。AKM 最主要的特点是用冲压机匣代替 AK-47 第 3 型的铣削机匣,使生产成本大大降低,而且新的冲压机匣比 AK-47 第 1 型的冲压机匣和第 3 型的铣削机匣都要轻,改进后的 AKM 只有 3.15kg 重。AKM 的全称为 Avtomat Kalashnikov Modernizirovannyi,即卡拉什尼科夫自动步枪改进型,这种武器已经成为生产量最高、影响最大的 AK 枪械。

▼ AKM 突击步枪枪身细节图

AKM 步枪扳机组上增加的"击锤延迟体"也被译为"减速器",关于这个装置的用途,在很多中文资料里都有介绍。早期的文章说是用于降低 AKM 的射速,以提高射击精度。但事实上,AKM 的射速仍然保留在 AK-47 的 600rpm,似乎这个装置应该另有用途。后来的文章又提到有美国的枪械专家对 AK-47 和 AKM 进行了无数发实弹射击试验,并使用高速照相机分析工作件在射击时的运动情况,终于揭开了这个"减速器"的谜底。试验中发现,AK 的枪机框在实现闭锁复进到位后时常出现两到三次的轻微回跳,这种轻微回跳导致击发时击锤首先打在枪机框后部,然后才打到击针,使打击底火的力量减小。这对于需要一定击发强度的底火来说(AK 系列采用浮动式击针与底火事先已接触的击发方式)会导致 AK-47 步枪很偶然地出现哑火现象。为了从根本上消除这种哑火的可能性,为 AKM 步枪设计了这套新的击发组件。这个"减速器"在击发时能使击锤延迟几毫秒向前运动,以保证枪机框在前方完全停住后再打击击针,这样足以消除由于任何原因导致哑火的可能性。这也是有时候 AK 即使使用一些已经生锈的底火,却仍然具有良好可靠性的原因之一。在试验记录上,AKM 没有出现一次由于武器方面引起的哑火现象。

25 AN-94 突击步枪

▼AN-94 突击步枪弹匣细节图

AN-94 突击步枪基本参数	
全枪长（枪托展开/折叠）：	943/728mm
空枪重（不含弹匣）：	3.85kg
枪管长：	405mm
膛线：	4 条，右旋，缠距为 195mm
枪口初速：	1 000m/s
两发点射：	1 800rpm
连发：	600rpm
弹匣容量：	30rds

25 AN-94 突击步枪

AN-94 突击步枪简介

▼ AN-94 突击步枪分解结构图

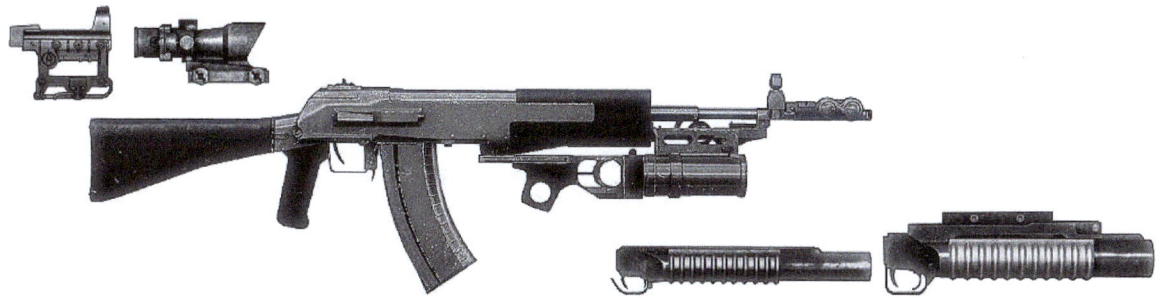

AN-94 是俄罗斯自行研制的自动步枪。在 1981 年,前苏联军方宣布了一项名为"阿巴甘"(Abakan,俄罗斯的一座小城市)的新一代自动步枪研制选型计划,旨在研制出作战效能高于 AK-74 突击步枪的新型突击步枪。虽然 AK-74 步枪的可靠性极佳,但其精度却一直不是太理想,尤其是点射时的散布非常大。而"阿巴甘"的目的就是要研制出有较高点射命中率的新型突击步枪。

经过对比试验,俄罗斯军方在 1994 年选中了伊兹玛什兵工厂的坚纳基·尼科诺夫(Gennady Nikonov)带领的设计小组提交的 ASN 步枪,并正式定型为 AN-94 突击步枪。AN 即"Automat Nikonova",有"尼科诺夫突击步枪"之意。

▼ AN-94 突击步枪完整图

AN-94 的一个特点是全自动射击时射速会自动降低。在全自动模式下射击时,最初的两发弹在 1 800rpm 的"高射速"中进行,而后面的自动降低到 600rpm 的低射速打出第 3 发以及后续弹。

26 APS 水下突击步枪

▼ APS 水下突击步枪弹匣细节图

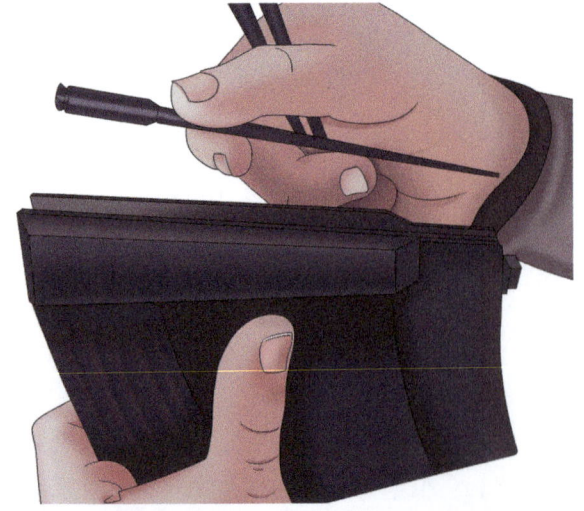

APS 水下突击步枪基本参数	
全枪长（枪托缩起/伸出）：	
	614/823mm
枪宽：	65mm
枪高：	252mm
空枪重：	2.4kg
（带空弹匣）：	2.7kg
（带实弹匣）：	3.4kg
理论射速（水上）：	600rpm
枪口初速（水上）：	365m/s
有效射程：水上 100/30/20/11m，水下	
	5/20/40m
弹匣容量：	26rds

68

26 APS 水下突击步枪

APS 水下突击步枪简介

前苏联海军为了防范海军基地受到敌对国家蛙人的攻击而研究出各种反蛙人技术，其中之一就是让武装警卫蛙人来阻止袭击者。起初，这些武装警卫蛙人只装备刀和 AK 步枪。这些步枪只是在外表上进行了防水处理，而且只能在水面上使用，因此唯一有效地对付敌对国家蛙人的水下武器就是潜水刀。当前苏联海军在 1971 年采用了 SPP-1 手枪后，他们很快发现这种武器很有效，但只适合在较近的距离内使用，不能攻击较远距离的目标。于是在 20 世纪 70 年代初 TSNIITOCHMASH（中央精密机械研究所）受命研制射程更远的水下武器，研制小组由弗拉迪米尔·西蒙诺夫（Vladimir Simonov）牵头，很快就研制出名为 APS 的水下突击步枪。APS 是"特种水下突击步枪"的缩写。大概在 1975 年，前苏联海军的战斗潜水员开始装备 APS，如今的俄罗斯海军仍装备着 APS。而它的设计师于 1983 年因此获得国家奖项。

▼ APS 水下突击步枪完整图展示

APS 的整个设计中最麻烦的是供弹机构，主要因为 MPS 弹形状细长，必须避免供弹时同时推两发甚至三发弹进膛。其前后尺寸很宽的弹匣由聚合物制成，容弹量为 26 发。由于水压对弹头飞行及枪机运动产生的阻力不同，因此在水下的射速和有效射程取决于使用时的深度。

APS 采用的特殊水下枪弹与 SPP-1 发射的 SPS 弹一样也是一种箭形弹，命名为 MPS。弹壳使用标准的 5.45mm×39mm 弹壳扩大弹颈部位而成，弹径为 5.66mm，全弹长 150mm、重 27.5g；弹头长 120mm、重 20.2g。弹头飞行的稳定同样是运用流体力学，因此枪管没有膛线。其在空气中发射时初速为 350m/s，在水下 5m 发射时有效射程为 30m，在水下 20m 时为 20m，水下 40m 时为 11m。此外还有 MPST 曳光弹，全弹重 27g，弹头重 18.8g，初速为 360m/s，在水下 5m 发射时有效射程为 28m，在水下 20m 时为 18m，水下 40m 时为 10m。

虽然 APS 可在水面上使用，但只在紧急情况下才这样做。在空气中发射时会导致 APS 的使用寿命急剧减少，大概只能发射 180~200 发弹（如果只在水下使用，寿命可达 2 000 发）。虽然宣传资料上宣称 APS 在水面上的有效射程有 100m，但据说只能在 50m 左右的范围内才能有效地命中和杀伤目标。因此，APS 在水底下才是有用的。APS 比棱镖枪有较大的射程和更强的穿透力，因此在对付经过增强的潜水服、防护头盔或是贯穿呼吸器材之类的厚物时很有效，还可以用于对付一些有塑料外壳或透明罩的小型水下机器装置。

27 AEK-971 突击步枪

▼ AEK-971 突击步枪弹匣细节图

AEK-971 突击步枪基本参数	
口径：	5.45mm×39mm
全长（枪托展开/折叠）：	965/720mm
枪管长：	420mm
枪口初速：	880m/s
空枪重：	3.3kg
理论射速：	900rpm
弹匣容量：	30、45、60rds
有效射程：	400m
表尺射程：	1 000m

27 AEK-971 突击步枪

AEK-971 突击步枪简介

▼AEK-971 突击步枪分解结构图

在 20 世纪 70 年代初期，与卡拉什尼科夫所设计的小口径步枪一起竞争的有几种 5.45mm 口径的样枪，其中一种就是由俄罗斯科若库的科若库基础机械设计局（Kovrov-based Mechanical Plant，现已改名为捷格佳廖夫设计局（V. A. Degtyarev Plant））设计的 AEK-971，主设计师为科沙诺夫（S. I. Koksharov）。近几年来，几种在当年的竞争中败给 AK-74 的样枪都进行了改进并重新推出，希望能够成为下一代的俄军制式步枪，或出口创汇，例如 AN-94 和 AK-107、AK-108 等，而俄罗斯特别设计局（Specialized Design Bureau，SKB）与俄罗斯研究协会（Russian Research Institute）共同对原来的 AEK-971 进行改进，打算与 AN-94 等新枪一起竞争市场。

▼AEK-971 突击步枪枪管细节图

AEK-971 的导气装置有两个导气室和两个导气活塞，第一个导气活塞和正常的一样使导气杆运动，第二个导气活塞与配重装置连接且运动方向与第一个导气活塞相反，这种同步反方向移动的配重装置抵消了射击时的后坐力，使步枪在全自动射击时非常平稳。

▼AEK-971 突击步枪击发原理图

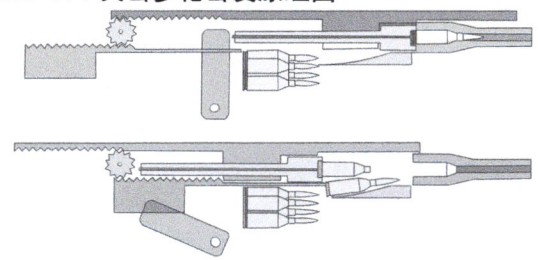

AEK-971 有两种发射方式，即半自动和全自动。现代化的 AEK-971 也能使用三发点放。

28 AS VAL 特种突击步枪

▼ AS VAL 突击步枪弹药细节图

AS VAL 特种突击步枪基本参数	
空枪重（含弹匣）：	2.5kg
全长（枪托展开/折叠）：	878/615mm
PSO-1 瞄准镜：	3.31kg
NSP-3 夜视瞄准镜：	5.7kg
瞄准镜表尺射程：	400m
夜视瞄准具：	300m
射速：	800~900rpm
发射方式：	单发、连发
弹匣容量：	20rds

28 AS VAL 特种突击步枪

AS VAL 特种突击步枪简介

▼ AS VAL 特种突击步枪握把细节图

▼ AS VAL 特种突击步枪探照灯细节图

▼ AS VAL 特种突击步枪枪身细节图

AS "VAL"（相应的俄文字母为 AC "Вал"，中文意思是"巨浪"）是由中央精密机械工程研究院（TSNIITochMash）的彼德罗·谢尔久科（P. Serdjukov）领导的研究小组在 20 世纪 80 年代后期研制的，AS 是 Avtomat Spetsialnij 的缩写，即"特种突击步枪"。它与另一种名为 VSS 的微声狙击步枪为同一系列的武器。AS 和 VSS 都是以小型突击步枪的机匣为基础研制的，这两种武器的主要区别是枪托和握把的不同，另外，AS 突击步枪虽然也可以发射 SP-6 和 PAB-9 弹，但主要是发射便宜的 SP-5 普通弹。

29 巴雷特 REC7 突击步枪

▼ 巴雷特 REC7 突击步枪枪管细节图

巴雷特 REC7 突击步枪基本参数	
全枪长（枪托折叠）：	1 080mm
全枪长（枪托展开）：	1 183mm
总重：	3.5kg
口径：	6.8mm
枪机种类：	直接导气式、转拴式枪机
发射速率：	750rpm
枪口初速：	810m/s
有效射程：	600m
供弹方式：5、10、20、28 或 30 发弹匣	

29 巴雷特 REC7 突击步枪

巴雷特 REC7 突击步枪简介

▼ 巴雷特 REC7 突击步枪枪管细节图

巴雷特 REC7（前称 M468）是 M16 突击步枪/M4 卡宾枪的一款升级设计。REC7 由巴雷特（Barrett）生产，该厂因其产品 M82 与 M107.50 反器材步枪著名。M468 代号的含义是，本枪为 2004 年研发，采用 6.8mm 口径。

巴雷特 REC7 不同于以往的 M4/M16 取代方案（诸如被取消的 XM8），它并不是一把全新的步枪，只是用巴雷特公司生产的一个上机匣搭配普通 M4/M16 的下机匣，因此可以与 M4/M16 步枪共用大多数零件，也可以轻易地安装在美军现有的 M4/M16 步枪之上。

▼ 巴雷特 REC7 突击步枪完整图

REC7 使用了新的 6.8mm 雷明顿 SPC（6.8×43mm）弹药，它的长度和美军正在使用的 5.56mm 弹药相当，因此可以直接套用美军现有的 STANAG 弹匣。6.8mm SPC 弹拥有超过 5.56mm NATO 弹 50% 以上的停止作用和更远的有效射程，枪口初速要比 5.56mm 弹稍低，但是其枪口动能可以达到 5.56mm NATO 弹的 1.5 倍。在使用 16in（约合 406mm）长的枪管时，6.8mm SPC 弹在 600m 距离上的速度仍有 808m/s。正如大多数 AR-15 枪族步枪及其变种枪，REC7 的枪口有适合于安装消音器一类的枪口附件。REC7 采用了 ARMS 公司生产的 SIR 护木，可以安装两脚架、夜视仪和光学瞄准镜等配件。另外，SIR 还包括了一个折叠式的机械瞄具。

▼ 巴雷特 REC7 突击步枪弹匣细节图

30 FAMAS 突击步枪

▼FAMAS 突击步枪枪身细节图

FAMAS 突击步枪基本参数	
全枪长：	757mm
枪管长：	488mm
瞄准基线长：	330mm
空枪重：	3.61kg
弹匣容量：	25rds
枪口初速：	960m/s
枪口动能：	1 637J
理论射速：	1 000rpm
实际射速（全/半自动）：	125/50rpm
有效射程：	300m

30 FAMAS 突击步枪

FAMAS 突击步枪简介

FAMAS 是法语"轻型自动步枪"的意思，FAMAS 是由法国 GIAT 集团（Groupement Industriel des Armements Terrestres）下属的圣.艾蒂安（St. Etienne）兵工厂生产的。

该枪在 1967 年开始研制，主设计师是轻武器专家保罗·泰尔。法国研制该枪的指导思想是既能取代 MAT49 式 9mm 冲锋枪和 MAS 49/56 式 7.5mm 步枪，又能取代一部分轻机枪。第二次世界大战以后，法国人认为把他们的 7.5mm×54mm 步枪弹改进一下就可以现代化，因此在步枪小口径热时，法国人还是坚持使用 7.5mm×54mm 的口径，当时研究的 FAMAS 就是 7.5mm×54mm 口径的。可是到了 1970 年，法国终于还是决定和其他北约国家看齐，将 FAMAS 改为发射雷明顿 M193 弹。1971 年，St. Etienne 提交了 10 支样枪供法国步兵团试验，经过两年的试验，对某些部件做了修改，并增加了 3 发点射控制装置，于 1979 年向法国陆军提交了第一批 FAMAS F1，并首先装备伞兵部队。按原定计划，法国军方共需采购 40 万支该枪，但因军费不足，结果缩减至 28 万支。除法国军队外，加蓬、吉布提、黎巴嫩、塞内加尔、阿联酋等国的军队也装备有 FAMAS。此时，北约各国都将小口径步枪弹改为 SS109 弹，但法国军队的 FAMAS 仍然使用 M193 弹。

▼ FAMAS 突击步枪枪口细节图

▼ FAMAS 突击步枪握把细节图

▼ FAMAS 突击步枪完整图

31 瓦尔梅特 RK.62 突击步枪

▼ 瓦尔梅特 RK.62 突击步枪弹匣细节图

瓦尔梅特 RK.62 突击步枪基本参数	
全枪长：	914mm
枪管长：	420mm
空枪重：	4.31kg
有效射程：	400m
枪口初速：	720m/s
理论射速：	650rpm
弹匣容量：	30rds

31 瓦尔梅特 RK.62 突击步枪

瓦尔梅特 RK.62 突击步枪简介

▼ 瓦尔梅特 RK.62 突击步枪分解图

瓦尔梅特 RK.62 其实是瓦尔梅特公司起初开发研制的名为 RK.60 型突击步枪的改进型，RK.60 型突击步枪问世时并没有批量生产，而是在经过部队试验和做进一步改进后，最终命名为 RK.62 型并获得芬兰军队采用。这些改进包括重新设计护木和选用瓦尔梅特公司枪型的扳机护圈，下护木散热孔增加到 24 个。枪托有管状金属枪托和木制枪托两种，均为固定式枪托。直到现在，芬兰陆军当中还保留有相当数量的 RK.62 型突击步枪（或瓦尔梅特 M62）。瓦尔梅特公司的生产工艺是一流的，RK.62 采用锻压的钢制机匣，是用一块坚硬的钢块通过机器加工而成，锻压机匣的好处是非常坚固、耐用，缺点是生产成本较高，而且生产效率较低。

▼ 瓦尔梅特 RK.62 突击步枪枪身细节图

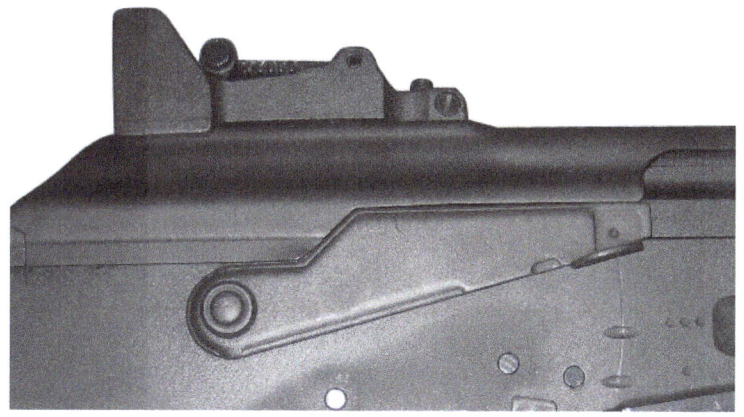

在接下来的几年内，瓦尔梅特公司在 RK.62 的基础上设计和改进出一些其他的型号，有一些被芬兰军队采用，有一些只用于出口，而且有多种不同口径。后来，以色列的加利尔步枪也是在瓦尔梅特 RK.62 的基础上设计而来，因此加利尔的机匣也带有明显的瓦尔梅特锻压机匣特征。

32 瓦尔梅特 M82 突击步枪

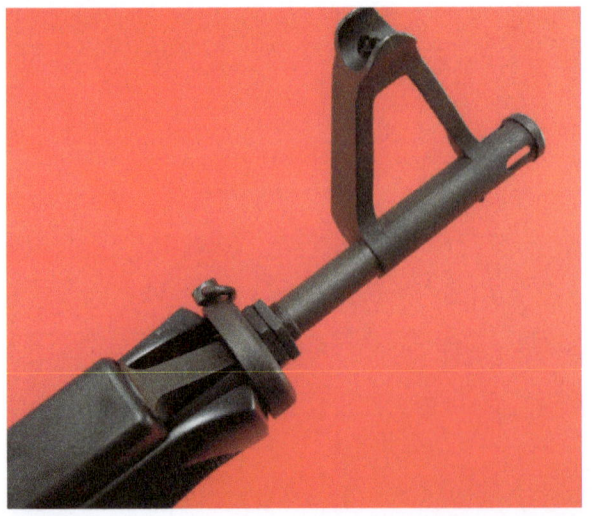

▼ 瓦尔梅特 M82 突击步枪枪口细节图

瓦尔梅特 M82 突击步枪基本参数	
全枪长：	710mm
枪管长：	420mm
空枪重（含弹匣）：	3.3kg
表尺射程：	300m
枪口初速：	975m/s
理论射速：	750rpm
弹匣容量：	30rds

32 瓦尔梅特 M82 突击步枪

瓦尔梅特 M82 突击步枪简介

▼ 瓦尔梅特 M82 突击步枪枪管细节图

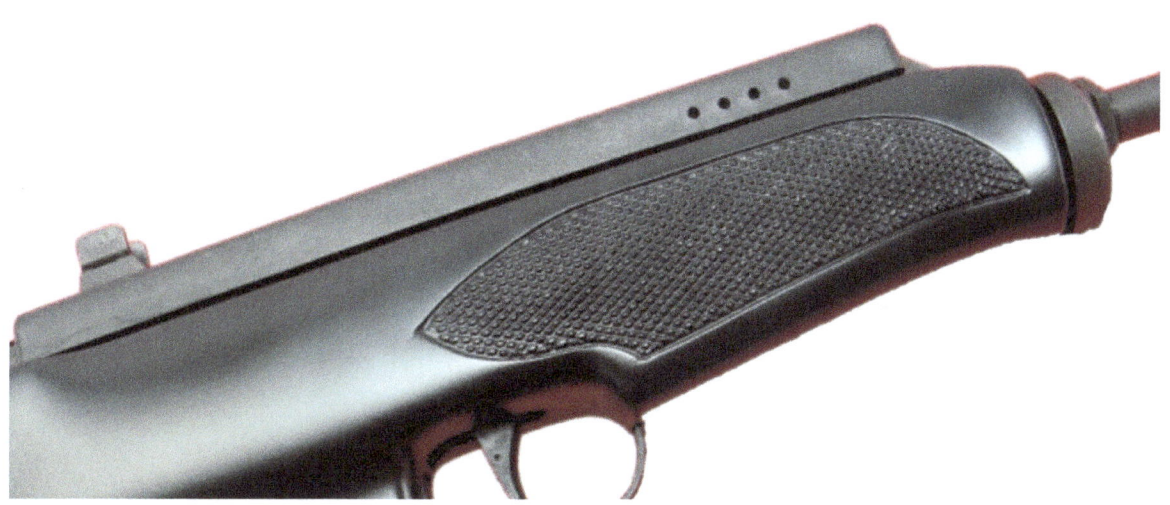

瓦尔梅特 M82 于 1978 年推出，在 1986 年停产，只生产了约 2 000 支，其中大部分是半自动型，大多数出口到美国。瓦尔梅特 M82 有一个很有意思的特征，它的机械瞄具是偏向左侧的。

瓦尔梅特 M82 是从 M76 的基础上发展而来的，最大的特点是改为无托结构，且只有 5.56mm 北约口径一种型号。瓦尔梅特 M82 其实是在 M76 的钢冲压机匣上包上一大块塑料枪托制作而成，并把握把及击发机构安装到枪管下面，将托底板安装到机匣尾部。

▼ 瓦尔梅特 M82 突击步枪枪口细节图

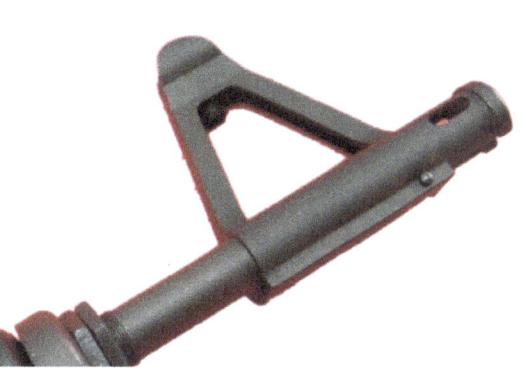

▼ 瓦尔梅特 M82 突击步枪枪身细节图　　▼ 瓦尔梅特 M82 突击步枪枪托细节图

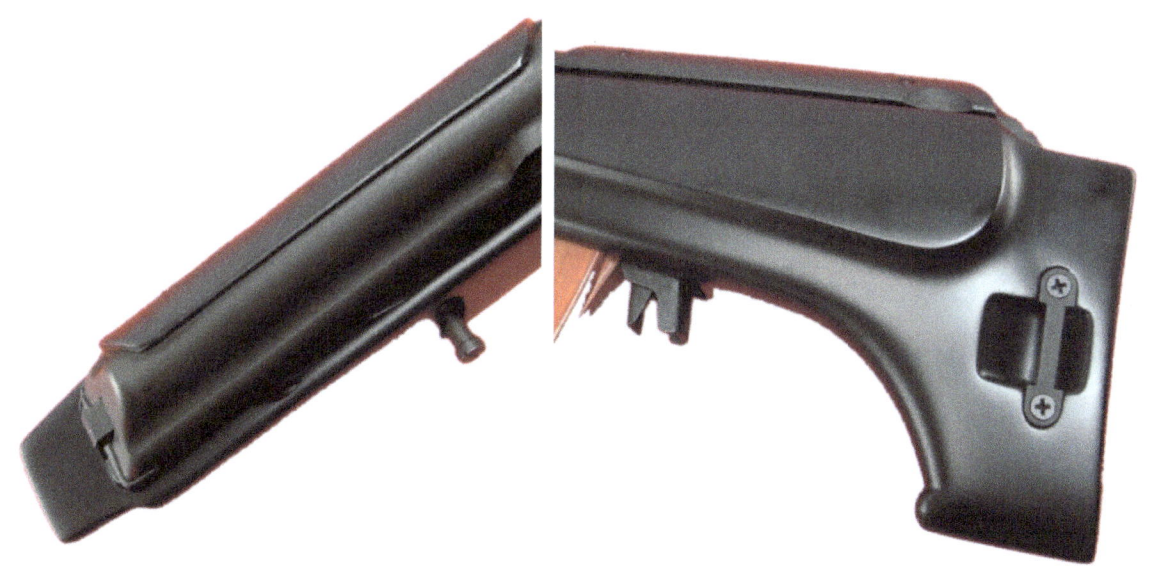

33 K11 多用途突击步枪

▼K11 多用途突击步枪枪托细节图

K11 多用途突击步枪基本参数	
全枪长：	710mm
枪管长：	420mm
空枪重（含弹匣）：	3.3kg
表尺射程：	300m
枪口初速：	975m/s
理论射速：	750rpm
弹匣容量：	30rds

33 K11 多用途突击步枪

K11 多用途突击步枪简介

▼ K11 多用途突击步枪瞄准镜细节图

K11 多用途步枪是韩国自行研制的最新式突击步枪。基本上，K11 步枪就是一支 5.56mm 突击步枪与 20mm 榴弹发射器的综合体，利用可编程高爆（空爆）榴弹和火控系统。这种直动式枪榴弹发射器采用无托设计，可填装 6 颗子弹，采用透明弹匣。这款突击步枪是韩国陆军著名的 Daewoo K2 步枪的变型，由韩国 S&T 大宇公司进行生产。预计每个韩国步兵班会配备两支 K11 突击步枪。届时，韩国将成为首个把空爆武器作为标准装备的国家。

▼ K11 多用途突击步枪弹匣细节图

韩国 K11 多用途步枪是将 20mm 榴弹发射器与 5.56mm 卡宾枪相结合的产物，K11 是第一种能够发射空爆榴弹的肩射式武器。该枪结构紧凑，全枪长 860mm。该枪包括电池在内重 6.1kg（不含弹匣），其弹匣容弹量为 30 发子弹和 5 发榴弹。

K11 复合型步枪可以发射普通的 5.56mm 口径子弹，也可以发射在空中爆炸的 20mm 口径榴弹，攻击藏在建筑后面的敌人，每支价格高达 1 500 万韩元。

榴弹有 K167 破片榴弹和 K168 目标训练弹两种型号，这两种榴弹均重 0.1kg，初速为 180m/s，有效射程达 500m。榴弹配装采用复杂的微机电系统（Micro-Electro-Mechanical Systems, MEMS）技术研制的引信，引信重 0.028kg，有 3 种可选的工作模式：超快点起爆；延迟点起爆，可穿透窗户在房间内起爆；定时空爆，可对隐蔽在掩体后面的部队进行攻击。要想实现 K11 的空爆能力，需要配装一种集成激光测距仪的自动光电瞄准和火控系统、弹道计算机和引信定时器。

SAMPOL VZ.58 突击步枪

▼ SAMPOL VZ.58 突击步枪枪身细节图

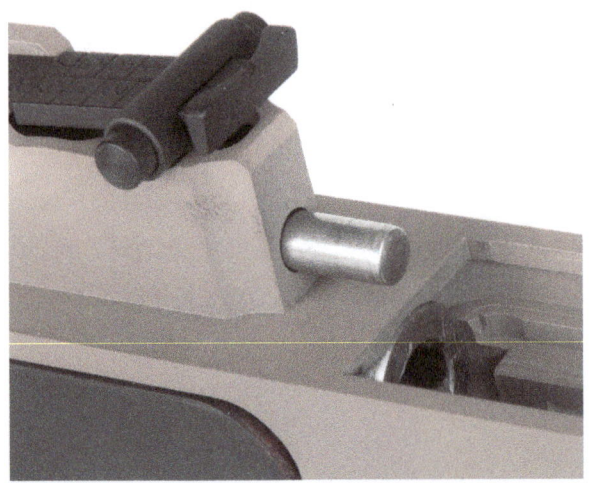

SAMPOL VZ.58 突击步枪基本参数	
全枪长（枪托展开/折叠）：	845/635mm
枪管长：	390mm
空枪重（含/不含弹匣）：	3.6/3.1kg
枪口初速：	705m/s
弹匣容量：	30rds
理论射速：	750~850rpm
有效射程：	400m

SAMPOL VZ.58 突击步枪

SAMPOL VZ.58 突击步枪简介

捷克的SAMPOL VZ.58突击步枪由于外形与著名的卡拉什尼科夫AK-47突击步枪相似而闻名于世。它们的结构、原理并不相同，据说捷克人故意把VZ.58设计成这个外形，是想要借用AK的名气来获得较好的销路，但在华约国家中，VZ.58突击步枪算是比较少见的"原创"突击步枪之一，因为当时绝大部分前华约国家都是直接采用本国仿制的苏式AK步枪。

▼ SAMPOL VZ.58 突击步枪枪管细节图

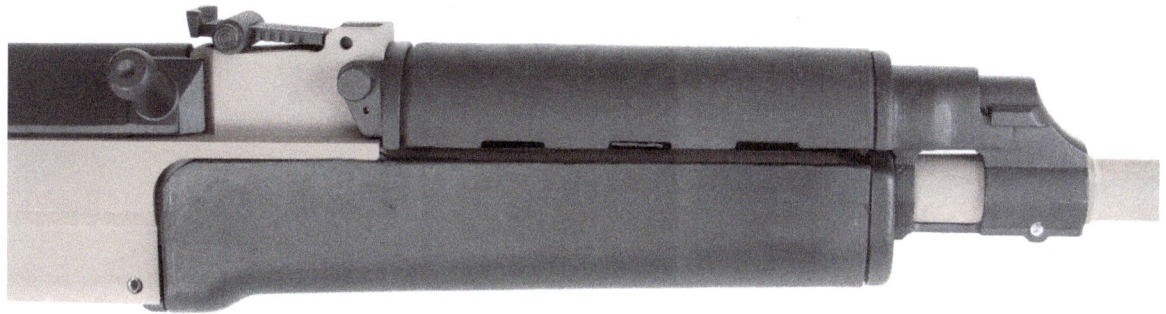

▼ SAMPOL VZ.58 突击步枪枪体内部细节图

▼ SAMPOL VZ.58 突击步枪枪膛细节图

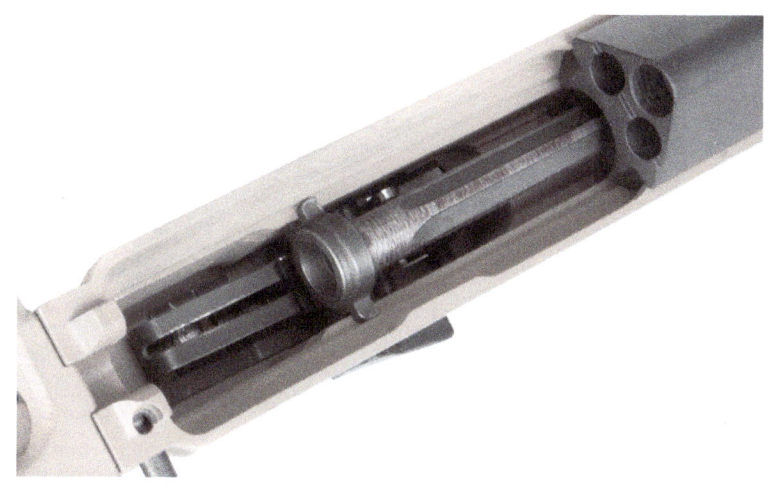

VZ.58的全称为Samopal vzor 1958，从字面翻译过来就是"1958型冲锋枪"，当然我们都知道该枪实际上是一种突击步枪。其比较准确的简称应该是"SA VZ.58"，但它经常被简称为SA58或VZ58，由于它是在捷克生产的武器，因此有时又会被不正确地简称为CZ58。

35　CZ 805 BREN A 突击步枪

▼CZ 805 BREN A 突击步枪快慢机细节图

CZ 805 BREN A 突击步枪基本参数	
型号：	A1/A2
全枪长：	
（枪托展开）：	915/780mm
（枪托折叠）：	670/585mm
枪管长：	360/277mm
全枪宽：	
（枪托展开）：	77mm
（枪托折叠）：	112mm
空枪重：	3.58kg
理论射速：	760rpm
弹匣容量：	20/30/100rds

35 CZ 805 BREN A 突击步枪

CZ 805 BREN A 突击步枪简介

CZ 805 BREN A 突击步枪最初名为 CZ S805A，它是捷克最新的突击步枪，第一次公开露面是在 2007 年的一次展览上，虽然当时还没有公布详细的资料，但从图中可以明显地看出该枪的设计受到了 FN SCAR 的许多影响，并有一些设计与 XM8 很相似，而且参考了 G36 的一些细节。

CZ 805 采用模块化设计，目前有 5.56mm×45mm 和 7.62mm×39mm 两种口径，预计将来还要研制 6.8mm SPC 口径。该枪的上机匣为铝合金，下机匣为聚合物。其弹匣插座是一个单独的可拆卸模块，当改变口径时，除了需要更换枪管外，还需要更换弹匣插座。

▼CZ 805 BREN A 突击步枪风偏、高低调整细节图

▼CZ 805 BREN A 突击步枪榴弹发射器细节图

▼CZ 805 BREN A 突击步枪弹匣细节图

CZ 805 使用快拆式枪管，便于改变口径或更换枪管长度，每种口径都有 4 种枪管，分别为短突击型、标准型、神射手型（狙击型）和班用自动步枪型（轻机枪型）。该枪采用短行程导气活塞式原理，回转式枪机。导气系统有气体调节器，更换口径时，也需要更换枪机。

其击发机构有单发、两发点射和全自动功能，手动保险/快慢机柄在两侧都有。

36 M16 突击步枪

▼M16 突击步枪弹匣细节图

M16 突击步枪基本参数	
全枪长：	986mm
口径：	5.56mm×45mm M193
枪管长（不含消音器）：	508mm
枪管长：	533mm
膛线：	6 条，右旋，缠距为 305mm
空枪重（含弹匣）：	3.18kg
理论射速：	700~950rpm
有效射程：	400m
弹匣容量：	20/30rds
瞄准基线长：	501mm

36 M16 突击步枪

M16 突击步枪简介

M16 是第二次世界大战以后美国换装的第二代步枪,也是世界上第一种装备部队并参加实战的小口径步枪,对后来的轻武器小型化产生了深远的影响。迄今为止,M16 系列步枪被近 100 个国家使用,被誉为当今世界六大名枪之一。

▼ M16 突击步枪枪托细节图

▼ M16 突击步枪枪口细节图

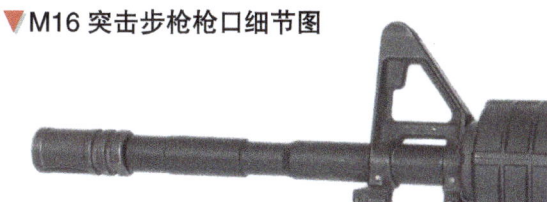

M16 主要分成三代。第一代是 M16 和 M16A1,于 20 世纪 60 年代装备,使用美军 M193/M196 子弹,能够以半自动或者全自动模式射击。第二代是 M16A2,在 20 世纪 80 年代开始服役,是用来发射比利时 SS109 子弹(北约 5.56mm 口径标准弹药,美军制式 M855/M856 子弹)的。M16A2 可以半自动射击,也可以以最多 3 发连发的点射射击方式射击。射击模式是由枪支一侧的选择开关决定的。最后,M16A4 成为 21 世纪初美伊战争中美国海军陆战队的标准装备,也越来越多地取代了之前的 M16A2。在美国军队中,M16A4 与 M4 卡宾枪的结合使用仍在逐步取代现有的 M16A2。M16A4 具有配备护木的 4 个皮可汀尼滑轨,可以使用光学瞄准镜、夜视镜、激光瞄准器、强光照明灯、握柄以及战术灯。

除了早期有一些毛病之外,M16 逐渐成为成熟而可靠的武器系统。它主要由柯尔特轻武器公司以及赫斯塔尔国家兵工厂制造,世界上很多国家都生产过其改进型。

▼ M16 突击步枪瞄准镜细节图

37 M16A4 突击步枪

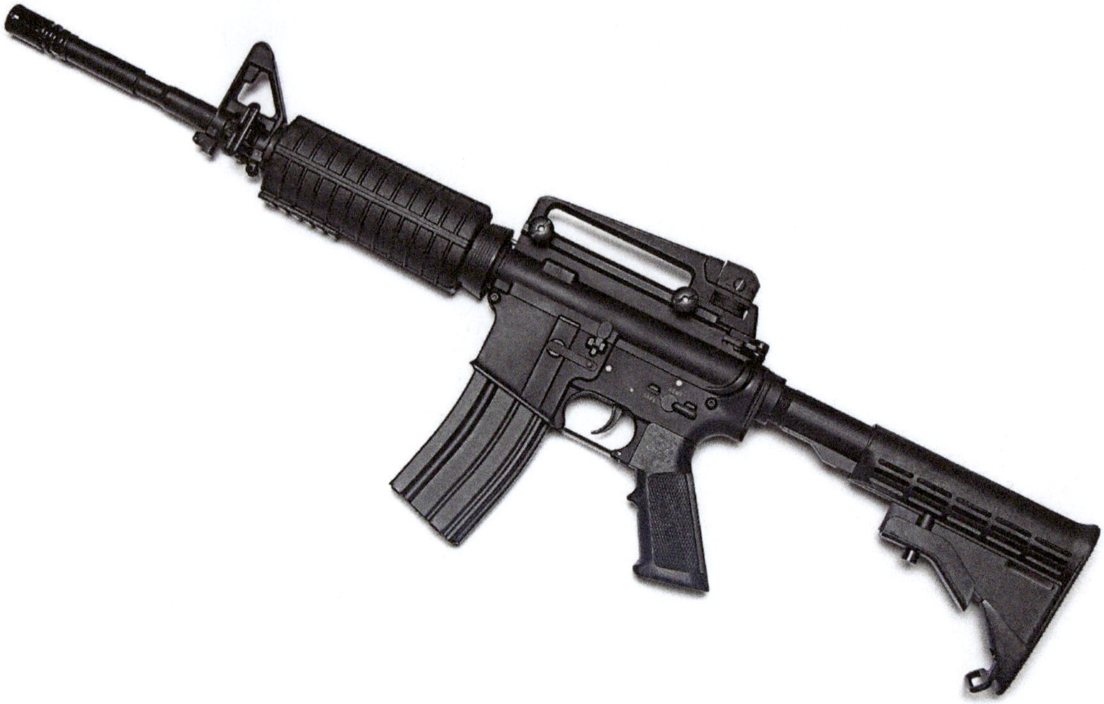

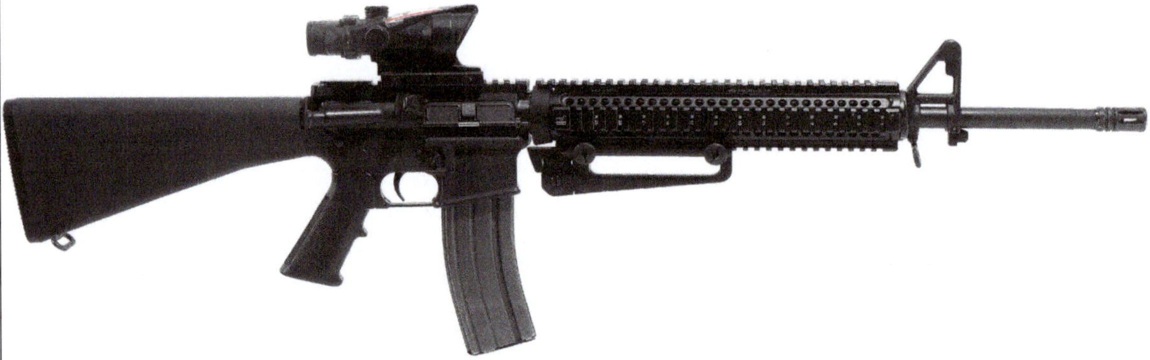

▼ M16A4 突击步枪弹匣细节图

M16A4 突击步枪基本参数	
全枪长：	1 000mm
口径：	5.56mm×45mm SS109/M855
枪管长：	510mm
膛线：	6 条，右旋，缠距为 178mm
空枪重（含弹匣）：	3.77kg
理论射速：	700~900rpm
有效射程：	600m
初速：	945m/s
弹匣容量：	20/30rds
瞄准基线长：	501mm

37 M16A4 突击步枪

M16A4 突击步枪简介

M16A4 自动步枪是 M16 自动步枪的一种改进型。M16A4 作为前线美国陆军和美国海军陆战队的标准装备，将枪械与火控系统分别进行模块化设计。M16A4 的前身其实是 1994 年开始试验的 M16A2E4，但当时的 M16A2E4 只是平顶机匣式的 M16A2，其外观和柯尔特轻武器公司的商业型 M16A3 相同，但不能连发。在 1997 年，M16A2E4 开始配上 KAC 公司生产的 XM5 RAS 导轨护木。其后装配上 RAS 的 M16A2E4 被正式定型为 M16A4，而 XM5 RAS 也正式改称为 M5 RAS。

▼ M16A4 突击步枪瞄准镜细节图

▼ M16A4 突击步枪枪托细节图

M16A4 自动步枪取消了之前的固定可拆卸携带提把以及金属照门的组合，而是被 MIL-STD-1913 皮卡汀尼导轨取代，这使得枪支可以同时装备可拆卸携带提把或者其他大部分军用和民用的瞄准具、目视装置。所有美国海军陆战队的 M16A4 都装配了奈特武器公司的 M5 RAS 护木，可以附加垂直握把、激光瞄准具、通用战术灯或者其他附件。在美国陆军战地手册里，使用了 RAS 的 M16A4 通常被称为 M16A4 MWS 或模块化武器系统，这个型号沿用了 M16A2 的 3 发点射模式。

▼ M16A4 突击步枪枪管细节图

38 M4 突击步枪

▼M4 突击步枪弹匣细节图

M4 突击步枪基本参数	
全枪长：	840mm
口径：	5.56mm×45mm SS109/M855
枪管长：	368mm
膛线：	6 条，右旋，缠距为 178mm
空枪重（不含弹匣）：	2.68kg
理论射速：	700~950rpm
有效射程：	600m
初速：	884m/s
枪口动能：	1 645J
瞄准基线长：	368mm

38 M4 突击步枪

M4 突击步枪简介

美国陆军的试验与鉴定司令部（TECOM）在 1986 年 4 月重开 XM4 突击步枪的研制工作和第 2 阶段试验。经过进一步试验和改进，XM4 在 1991 年 3 月被正式定型并命名为"美国 5.56mm 北大西洋公约组织口径 M4 突击步枪"。

它完全是由尤金·斯通纳开发的 CAR-15 发展而来的，但 M4 的长度比 M16A2 型突击步枪短、重量轻，两者之中有八成的部件可以共享。一些 M4A1 装配较厚、较重的枪管，以减少全自动开火时所产生的热力，并且加厚铝质隔热层。全数的 M4 和 M4A1 均使用 5.56mm 口径的 SS109 子弹，而且仍采用 M16 特有的气体直推传动方式。

M4A1 突击步枪（M4A1 carbine）是 M4 突击步枪的一种衍生型，被用做特别作战用途，也是现在最常见的版本。

▼M4 突击步枪分解结构图

▼M4 突击步枪握把细节图　　▼M4 突击步枪枪托细节图

 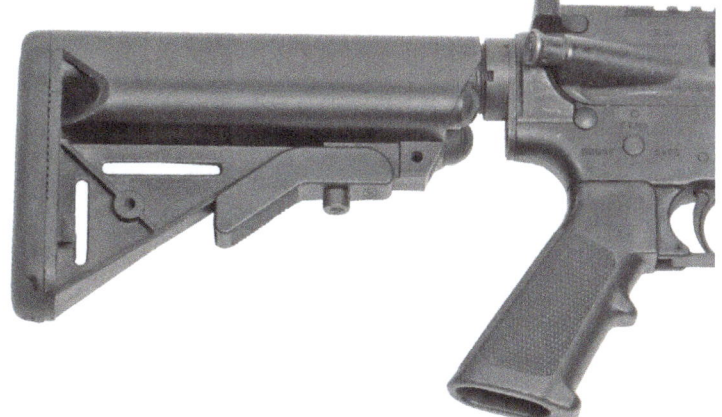

39 M14 突击步枪

▼M14 突击步枪枪身细节图

M14 突击步枪基本参数	
全枪长：	1 125mm
口径：	7.62mm×51mm
枪管长：	559mm
空枪重（不含弹夹）：	3.64kg
战斗全重：	
（含实弹匣和维护工具）：	4.59kg
（含实弹匣和背带）：	5.0kg
膛线：	4 条，右旋，缠距为 305mm
枪口初速：	853m/s
枪口动能：	3 567J
最大射程：	3 275m
有效射程：	
（半自动，无依托）	460m
（半自动，无依托）	700m
（全自动，两脚架）	460m
理论射速：	700~750rpm
瞄准基线长：	678mm

39 M14 突击步枪

M14 突击步枪简介

▼ M14 突击步枪枪膛细节

M14 突击步枪是美国制造的可选射击模式步枪，曾经是美国军队制式步枪。它的设计研制要追溯到 20 世纪 50 年代初期，当时 T37 发展成为 T44 实验步枪，特点是重新设计了外形，并改进了导气系统，在 T44 上再进一步的研究就是稍作改进的 T44E4 和 T44E5（重型枪管班用自动武器），经过进一步的试验和改进后，在 1957 年 5 月 1 日，美国陆军军械部长宣布正式采用 T44E4，并命名为"美国 7.62mm M14 步枪"，同时采用重型枪管的 T44E5 也被命名为 M15。

M14 基本上是一种改进的 M1 伽兰德步枪，发射 7.62mm×51mm NATO 弹，容弹量比 M1 伽兰德大，调整快慢机可实施半自动或全自动射击。不过事实上在美国军队中的 M14 大多数都把快慢机柄换成快慢机锁，限制其只能进行半自动射击。M14 是作为制式的战斗步枪进行设计的，另外，M14 还发展出班用自动武器、比赛步枪、榴弹发射器、狙击步枪和礼仪枪等。作为一种战斗步枪，M14 从 1963 年古巴导弹危机到 2002 年的阿富汗战争都有被使用。

▼ M14 突击步枪枪膛细节

40 雷明顿 ACR 突击步枪

▼雷明顿 ACR 突击步枪枪口细节图

雷明顿 ACR 突击步枪基本参数	
空枪重：	3.175kg
枪管长：	266~508mm
枪机种类：	短行程导气式活塞，滚转式枪机
发射速率：	600~750rpm
枪口初速：	792~990m/s
有效射程：	300m
供弹方式：	30 发弹匣（5.56mm 衍生型）（可兼容 STANAG 弹匣）
瞄准具型式：	前后准星，可在皮卡汀尼导轨上加装瞄准镜

40 雷明顿 ACR 突击步枪

雷明顿 ACR 突击步枪简介

▼ 雷明顿 ACR 突击步枪枪托折叠变化图

▼ 雷明顿 ACR 突击步枪枪托细节图

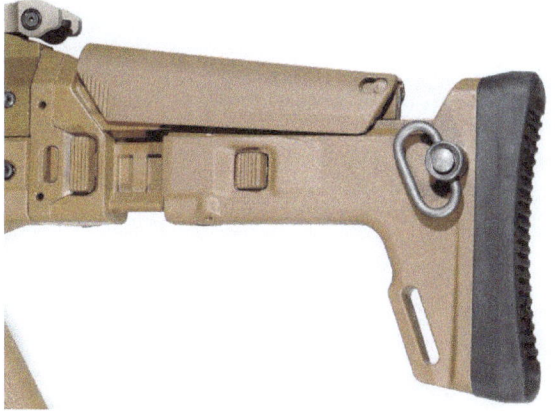

▼ 雷明顿 ACR 突击步枪枪膛细节图

　　Remington ACR（雷明顿 ACR）是雷明顿公司于 2006 年设计和开发的，当时名为马盖普·马萨达（Magpul Massada），但在 2008 年，该项目由大毒蛇（Bushmaster）公司接手，将理念改为 ACR（适应战斗步枪）。2009 年雷明顿公司拿到了这支革命性武器的专利，然后向从 1999 年起就找寻 M16 型和 M4 型继任者的美国军队宣扬了 ACR 无可争议的能力。这支突击步枪原本是装填 5.56mm 口径弹的，但实际上，该步枪可以适用于多种口径子弹。经过使用者的微小改动，它可以在几分钟内适用于 6.8mm 和 6.5mm 口径的弹药，这仅仅需要更换几个部件和枪管就可以做到。

　　可扩展性极强使 ACR 能够适应多种环境、多种用途。其左、右手皆可使用，操作方法很直观，同时它的重量也比较轻。ACR 有 4 种枪管长度可以选择，即 10.5in、14.5in、16.5in 和 DMR 版的 18in。该枪主要针对中东的战争区域使用，原本推出的枪身是米色／沙色的，目前也有褐色的版本可以提供。

SOPMOD M4 突击步枪

▼SOPMOD M4 突击步枪枪口细节图

SOPMOD M4 突击步枪基本参数	
空枪重：	2.771kg
全长（缩起枪托）：	757mm
（缩起展开）：	838mm
枪管长度：	368.3mm
口径：	5.56mm
枪机种类：	直接导气式，转栓式枪机
发射速率：	700~900rpm
枪口初速：	905 米/秒
供弹方式：	20、30 发 STANAG 弹匣

41 SOPMOD M4 突击步枪

SOPMOD M4 突击步枪简介

鉴于长期以来许多为卡宾枪提供各类瞄准具、灯具及其他战术附件的厂家没有一个安装接口的标志，USSOCOM（美国特种作战司令部）在1989年9月开始尝试制订一套近战卡宾枪的附件接口标准，并在1992年5月15日正式提出SOPMOD的计划名称，SOPMOD的意思是"特种作战改进型"。SOPMOD计划是由USSOCOM、海军特种作战部队以及空军、陆军等其他特种部队共同提出，并委托NSWC（海军武器研究中心）负责研究的。1999年5月开始在海军和空军提供以M4A1卡宾枪为武器平台的SOPMOD进行试验。注意，这种称为SOPMOD M4的系统在NSWC的计划中仅是称为SOPMOD Block1。

第1代SOPMOD M4生产的主要承包商是KAC（奈特军械公司），SOPMOD M4并不只是一种卡宾枪，而是一个以M4A1为基础的模块式突击步枪系统，主要模块包括一个有上、下、左、右4段M1913标准导轨的RIS护木、缩短的快卸M203榴弹发射器及其瞄准具、一个KAC快速拆卸（QD）消音器、KAC后备照门、一个战术灯、一个AN/PEQ-2可见光/红外激光指示器，还有Trijicon的ACOG和反射式瞄准镜及一个夜视瞄准镜，但也有许多士兵把Trijicon反射瞄准镜换成M68 CCO或EOTech全息瞄准镜。目前SOPMOD M4已经装备包括海豹在内的多个特种部队了，当SOPMOD M4配上一些近战用的战术附件时，又会称之为CQBW M4，即"室内近战武器型M4"。

▼ SOPMOD M4 突击步枪准星细节图

▼ SOPMOD M4 突击步枪后视角度

▼ SOPMOD M4 突击步枪弹匣细节图

42 斯通纳 63A 突击步枪

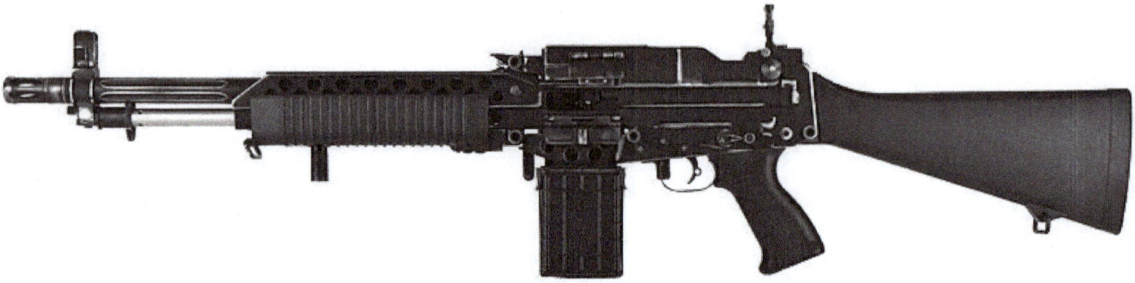

▼ 斯通纳 63A 突击步枪枪管内部细节图

斯通纳 63A 突击步枪基本参数	
空枪重：	10.5kg
全长：	913mm
枪管长度：	399mm
口径：	5.56mm
枪机种类：	长行程导气式活塞转栓式枪机
枪口初速：	1 083m/s
有效射程：	500m
最大射程：	2 500m
供弹方式：	30 发弹匣
瞄准具型式：	机械瞄具

42 斯通纳 63A 突击步枪

斯通纳 63A 突击步枪简介

斯通纳 63 系列武器系统的模块化设计目的在于为野战部队提供一种能适应战场上战术要求的变化而做出改变的全能武器，使它在使用当中有很大的弹性，同时也使得加工制造和后勤供应大为简化。但在当时这种设计思想受到质疑，因为在战场上改装枪型不是一件方便的事情，一个士兵通常只精通一种主要武器，而且不可能背着一大堆改装配件上战场。另一方面，虽然这种通用武器系统方便生产和能减少后勤管理的压力，但这种武器的成本较高，而且结构有些复杂，使用和维护都对使用者有更高的要求。所以尽管该枪本身的结构是成功的，最终却没有被装备。

▼ 斯通纳 63A 突击步枪枪膛细节图

▼ 斯通纳 63A 突击步枪枪管细节图

▼ 斯通纳 63A 突击步枪枪托细节图

1959 年，由于对 AR-15 的前景不看好，阿玛莱特公司把 AR-15 的专利卖给了柯尔特公司，而尤金·斯通纳也在 1960 年离开阿玛莱特公司，转而加入卡迪拉克仪表公司（Cadillac-Gage）。当柯尔特公司成功地把 AR-15 推销到五角大楼并卖给驻越南美军作战部队时，斯通纳却在卡迪拉克仪表公司开始研制一种全新的通用武器系统。

这种武器系统的原型名为 M69W，于 1962 年设计，为 7.62mm×51mm NATO 口径，该武器的特点是采用一个通用机匣，通过更换不同的部件可在轻机枪和步枪之间进行转换。斯通纳对其稍作改进后，重新命名为斯通纳 62（Stoner 62），仍然是采用 7.62mm×51mm NATO 口径。由于受到 M16 成功的影响，卡迪拉克仪表公司决定让这种新型武器也发射 5.56mm×45mm M193 步枪弹，于是斯通纳在 1963 年完成了小口径型的设计，并由此命名为斯通纳 63（Stoner 63）。

43 CR-21 突击步枪

▼ CR-21 突击步枪枪托细节图

CR-21 突击步枪基本参数	
全枪长：	760mm
枪管长：	460mm
空枪重：	3.8kg
弹匣容量：	20~30rds
理论射速：	650~700rpm

43 CR-21 突击步枪

CR-21 突击步枪简介

▼ CR-21 突击步枪完整图

CR-21 是 R5 的无托变型枪，继承了 R5 的内部结构，所以工作原理仍以伽利尔突击步枪为样板，采用卡拉什尼科夫的导气式自动原理和枪机回转闭锁结构。枪管上方装有气体活塞的机框，其前后移动使枪机回转，实现枪管与枪机的开、闭锁。枪机的机头左、右部位设有大的闭锁凸笋，以该凸笋闭锁枪管。

▼ CR-21 突击步枪枪口细节图

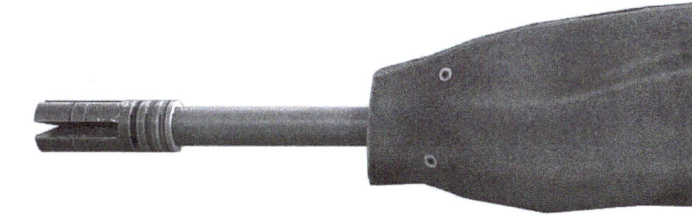

南非的 R4、R5、R6 突击步枪是在以色列伽利尔突击步枪的基础上研制的，除了装备南非国防军、警察和准军事部队外，还对外出口。这一系列的步枪得益于 AK 系列步枪工作原理的可靠性，有相当可观的出口量。但到了 20 世纪 90 年代，世界轻武器有了较大的变革，出口竞争激烈，各国兵器厂家相继推出多种新一代突击步枪。这些枪多使用塑料部件，R4、R5 失去了一定的竞争力。同时，南非国防军也需要新一代的突击步枪作为制式武器取代 R4、R5 和 R6。于是，维克多 (Vektor) 公司根据军方的要求着手开发继承 R5 系列的新枪。维克多 (Vektor) 公司在潘塔拉夫工业设计公司的协助下对其完成了无托式造型设计，在 1997 年对外公开，定名为"CR-21"。CR-21 的意思是"21 世纪小型突击步枪"，它是 R5 的无托变型枪，继承了 R5 的内部结构。但 CR-21 没有机械瞄具，只装有反射式光学瞄准镜，适合快速瞄准也适合精确射击。

CR-21 独特的外形源于维克多公司完成步枪的基本结构设计后发现枪托设计不佳，难以使用，后来在潘塔拉夫工业设计公司的协助下完成了无托式造型的设计。CR-21 本来计划作为南非国防军的新制式武器，但因国内经济尚不景气，更新换代的计划被迫推迟了，所以目前主要用于赚取外汇。

44 MK S 突击步枪

▼MK S 突击步枪枪身细节图

MK S 突击步枪基本参数	
口径：	5.56mm×45mm
全长（枪托打开/折叠）：	868/634mm
枪机种类：	气体操作，旋转螺栓
重量：	2.75kg
射速：	750~1 100rpm
弹匣容量：	30rds

44 MK S 突击步枪

MK S 突击步枪简介

▼MK S 突击步枪枪管细节图

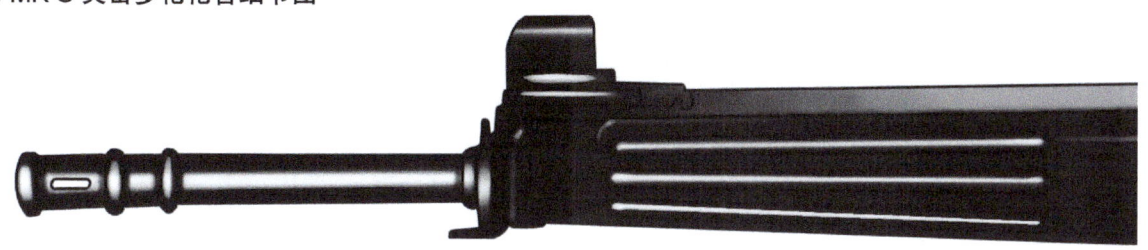

MK S 突击步枪是由瑞典国际动力公司（Interdynamic AB, SE）在 20 世纪 70 年代中期研制，在 20 世纪 70 年代后期推出市场的一种外形奇异的步枪。国际动力公司设计这种怪枪的目的是试图在全球热卖的小口径突击步枪市场分一杯羹。MKS 在外形、材料和技术等方面很不传统，可以说非常新颖。例如该枪有些钢制部件的外表覆盖有热塑性材料涂层，既减轻了重量又提高了强度。

▼MK S 突击步枪枪托细节图

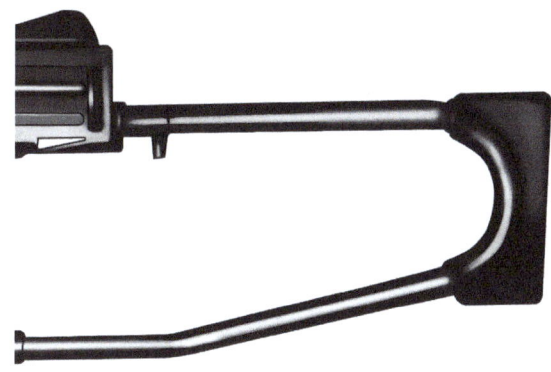

▼MK S 突击步枪弹匣细节图

MK S 步枪采用导气式操作原理，导气系统有气体调节器，泄气孔向前倾斜；采取枪机回转式闭锁方式，有 6 个闭锁凸笋；复进簧绕在活塞导杆上；机匣由钢板冲压而成；弹匣座兼作握把；拉机柄在护木顶部，可以折叠，而且左、右手均可操作；框架形枪托可折叠到右侧，且折叠后枪托底板可兼作前握把，用于室内近战；L 形的翻转式照门有两个表尺射程，分别为 250m 和 400m。MKS 步枪采用重型枪管，可长时间持续射击，精度也比较高；消焰器兼作榴弹发射器插座和刺刀座，可配用美军的刺刀。

▼MK S 突击步枪扳机细节图

45 Magpul PDR 突击步枪

▼Magpul PDR 突击步枪枪膛细节图

Magpul PDR 突击步枪基本参数	
全长：	600mm
枪管长度：	350mm
枪机种类：	短行程导气式活塞，滚转式枪机
口径：	5.56mm
供弹方式：	20/30 发 STANAG 弹匣
瞄准具型式：	机械瞄具

45 Magpul PDR 突击步枪

Magpul PDR 突击步枪简介

▼ Magpul PDR 突击步枪握把细节图

▼ Magpul PDR 突击步枪枪口细节图

Magpul PDR（PDR 为个人防卫步枪的英语缩写）是美国 Magpul 工业公司正在研制的一种 5.56mm×45mm 口径犊牛式突击步枪（个人防卫武器），研制的目的是取代在军队中服役的部分冲锋枪、M9 手枪和 M4 卡宾枪等武器。由于此枪在外观上非常具有"未来主义"风格，因而受到大众的关注。

▼ Magpul PDR 突击步枪枪身侧面细节图

Magpul PDR 是一种采用导气原理、滚转式枪机运作的个人防卫武器系统，其枪身采用了犊牛式设计，并显得相当短小和紧凑。该枪也是少数采用标准口径的个人防卫武器，目的是为了让使用方减少在战场上的后勤负担。其载弹量为 20 或 30 发，并采用 Magpul 工业公司生产的 P-Mag 弹匣供弹，也可采用其他 STANAG 弹匣。该枪的标准瞄具为机械瞄具，用户也可在机匣顶部的战术导轨上安装各种瞄准镜。

46 SG 550 突击步枪

▼SG 550 突击步枪枪托细节图

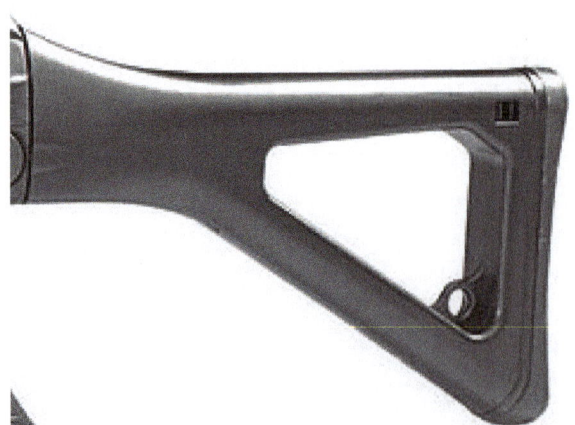

SG 550 突击步枪基本参数	
全枪长：	760mm
枪管长：	460mm
空枪重：	3.8kg
弹匣容量：	20~30rds
理论射速：	650~700rpm

46 SG 550 突击步枪

SG 550 突击步枪简介

▼ SG 550 突击步枪零部件图示

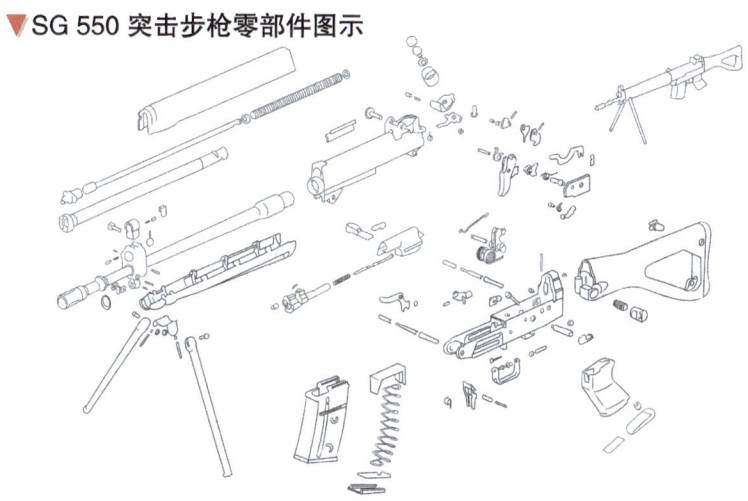

▼ SG 550 突击步枪枪管细节图

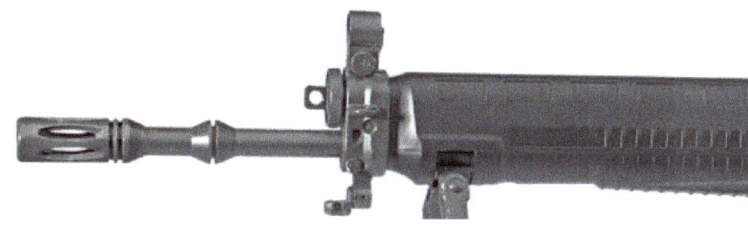

20 世纪 70 年代后期，在世界轻武器出现小口径浪潮的情况下，瑞士军方也决定寻求一种小口径步枪取代部队装备的 SG510 系列 7.62mm 步枪。在于 1978 年对 40 支改进的 SG540 式和 SG543 式突击步枪进行了一系列部队试验后，军械部拟定了一份招标细则。在该细则中，除了人机工程学、坚固性和操作安全性方面的要求外，着重提出了 3 项要求：第一，新枪要既能满足普通步兵的需要，又能代替指挥员、坦克乘员、伞兵和特种部队使用的手枪；第二，在 300m 距离上有良好的精度；第三，质量应小于 SG510 式 7.62mm 步枪。

在经过一番角逐之后，瑞士工业公司的 5.56mm 口径步枪得到了军方的认可。SG550 式 5.56mm 步枪的雏形叫 SG541 式步枪，它是在 SG540 式步枪的基础上改进而成的，后来根据部队试验中提出的问题又做了进一步改进。1983 年 2 月，瑞士联邦议会决定采用瑞士工业公司研制的新枪，正式命名为 SG550 式，又叫 Stgw90 式 5.56mm 突击步枪。该枪有两种型号，其中，SG550 式步枪是标准型，供步兵使用；SG551 式步枪是短枪管型，供坦克和装甲车乘员使用。

基本上，SG550/551/552 系列均为 SG-540/541 的改进型，其结构与 FNC 和 AK 较为相似，该枪采用长行程导气活塞的自动方式，活塞杆与机框相连，枪机头有两个大型闭锁凸耳。不同的是，SG550/551 的复进簧绕在活塞杆上，位于枪管上方。而枪管和活塞杆都很短的 SG552 则把复进簧移到机匣后面，位于机框内部的上方。这样的复进簧位置可能使其受到导气活塞和活塞筒的极端工作温度影响，缩短了弹簧的使用寿命，但瑞士军队通过试验认为这样的设计有利于提供连发射击的精度（连发精度差一直是 AK 步枪遭人诟病的主要问题）。

▼ SG 550 突击步枪刺刀细节图

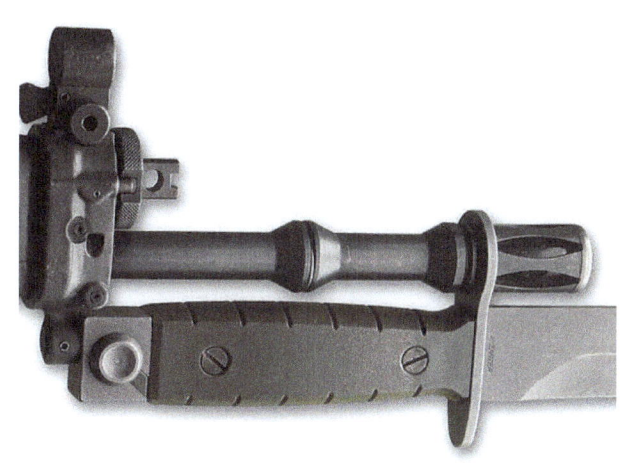

47 SG 552 突击步枪

▼SG 552 突击步枪弹匣细节图

SG 552 突击步枪基本参数	
全枪长：	730/504mm
枪管长：	226mm
全枪高：	210mm
膛线：	6 条，缠距为 178mm
瞄准基线长：	360mm
空枪重：	3.2kg
理论射速：	700rpm
发射方式：	单发、3 发点射、连发

47 SG 552 突击步枪

SG 552 突击步枪简介

SG 552 Commando 在 1998 年推出，是 SG 55x 系列中最短的型号。这是一种受潮流影响而设计的 CQB 用短突击步枪，比起 SG 551 系列，SG 552 的枪管进一步缩短至 8.9in，并把准心后移，以方便控制，提高射击精度。其扳机护圈可向左、右两侧折叠，戴手套也可操作。

在 2009 年 SIG 公司又推出了 SG 553 步枪，实际上只是把早已生产的机匣顶及护木上整合有皮卡汀尼导轨的 SG 552 重新命名而已。

▼ SG 552 突击步枪瞄准镜细节图

▼ SG 552 突击步枪枪管细节图

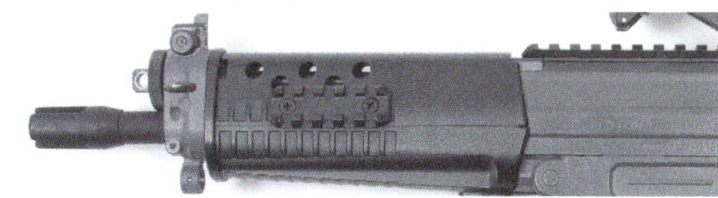

比起 SG 551 枪系，SG 552 型有比较明显的改变，它还沿用 AK 步枪类型的长行程活塞系统，不过 551 以前的枪型均采用枪机座与活塞连杆分离的设计，并作为两者的结合插销，复进簧则置于瓦斯缸管以内，推动连杆带动枪机向前。后者受前段枪身缩短影响，空间有限制，特别将复进簧移到枪机座后段（并加上一个复进簧导杆），即比照 AK 步枪的方式容纳。此项修改使得枪机和连杆已无必要再分离设计，因此 552 型的枪机和活塞是以焊接方式结合在一起的，只有拉柄受机匣结构限制，拆装时依旧自成一件，但也被修饰得更加精致。

▼ SIG556 突击步枪完整图

48 SIG 556 突击步枪

▼SIG 556 突击步枪枪管细节图

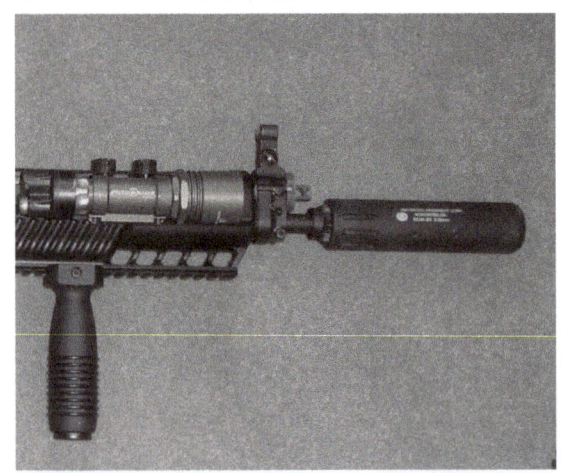

SIG 556 突击步枪基本参数	
全枪长：	998mm
（枪托折叠）：	772mm
枪管长：	528mm
口径：	5.56mm
枪机种类：	气动式，旋转式枪机
发射速率：	700rpm
枪口初速：	905m/s
有效距离：	600m
最大距离：	600m
供弹方式：	5/10/20/30 弹匣

48 SIG 556 突击步枪

SIG 556 突击步枪简介

2006 年 2 月，SIG ARMS 在拉斯维加斯的 SHOT Show 2006 上展出了一种新的 5.56mm 口径步枪，名为 SIG 556。其实，由于 2004 年底 AWB94 的自动失效，SIGARMS 与许多其他枪械厂商一样，在观望及秘密筹划了一年之后，于 2006 年在美国市场推出了新的具有"突击步枪"特征的民用产品，所以这一年的 SHOT Show 上一下子展出了大量的民用"突击步枪"，各个厂家都在争夺这个市场。

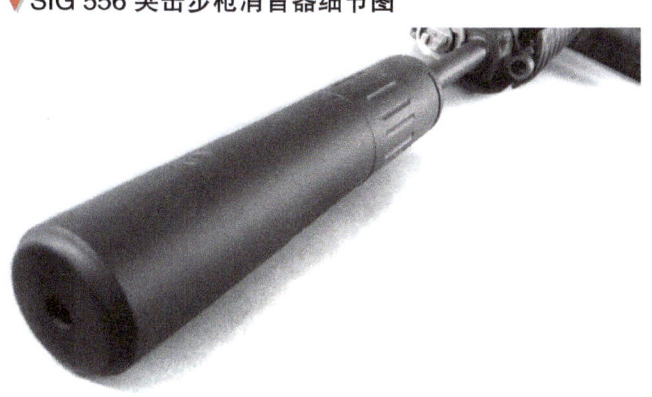
▼ SIG 556 突击步枪消音器细节图

▼ SIG 556 突击步枪枪身细节图

SIG 556 采用了原来 SIG 在 SG 550 系列上使用的两个位置的气体调节器，并采用原来的击发机座，但可直接使用标准的 AR-15 弹匣。

折叠式瞄具可调风偏和高低。其机匣顶部有一个低矮提把造型的皮卡汀尼导轨，高碳钢制成的机匣表面进行了 Nitron X 处理。

其击发机座用热处理和表面阳极化处理的航空铝材。另外，该步枪配有一个平滑的两道火扳机。

▼ SIG-556 突击步枪完整图

49 STGW.57 突击步枪

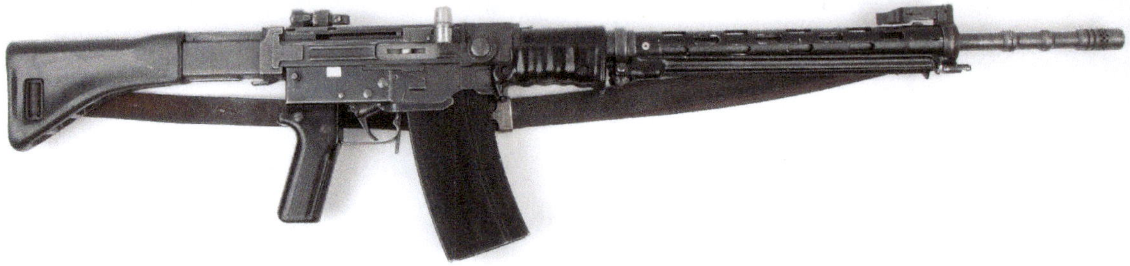

▼STGW.57 突击步枪弹匣细节图

STGW.57 突击步枪基本参数	
口径：	7.5mm×55mm
全枪长：	1 105mm
枪管长：	583mm
空枪重：	5.56kg
枪口初速：	750m/s
理论射速：	475~500rpm
有效射程：	640m
弹匣容量：	24rds

49 STGW.57 突击步枪

STGW.57 突击步枪简介

▼ STGW.57 突击步枪消焰器细节图

STGW.57 自动步枪是 SIG 公司在 1954—1957 年研制的。该枪参考了德国的毛瑟 STG.45 突击步枪和西班牙的 CETME 步枪的原理，但采用瑞士的 7.5mm×55mm 口径步枪弹。该枪在 1957 年被瑞士军方采用，此外还有一些出口型和民用型，型号如下。

● SIG 510-1：与 STGW.57 基本相同，只是发射 7.62mm×51mm NATO 弹。该枪仅为样品。

● SIG 510-2：减轻重量的 SIG510-1，口径相同，只是枪管较薄、不带两脚架，因此后座也较大。该枪仅为样品。

● SIG 510-3：发射前苏联 7.62mm×39mm M43 弹，长度较短。该枪仅为样品。

● SIG 510-4：口径为 7.62mm×51mm NATO。它是该系列中唯一批量生产的型号。

● PE-57：口径为 7.5mm×55mm 的半自动型，在瑞士用于训练、娱乐及运动射击。

● SIG AMT（美国比赛靶枪）：SIG 510-4 的半自动出口型。它取消了刺刀座和枪榴弹发射器，折叠瞄具被比较传统的结构代替。

▼ STGW.57 突击步枪瞄准镜细节图

在外观上，STGW.57 与大多数型号的共同特点是直枪托、折叠式准星，微调表尺照门、瞄准线较高。而 SIG 510-4 和 SIG AMT 的瞄准线较低、准星不能折叠、表尺照门为滑动式，枪托位置也较低。其内部构造的主要变化是，复进簧由活络连接的第一复进簧和第二复进簧构成，两者之间有一个角度。

▼ STGW.57 突击步枪弹匣细节图

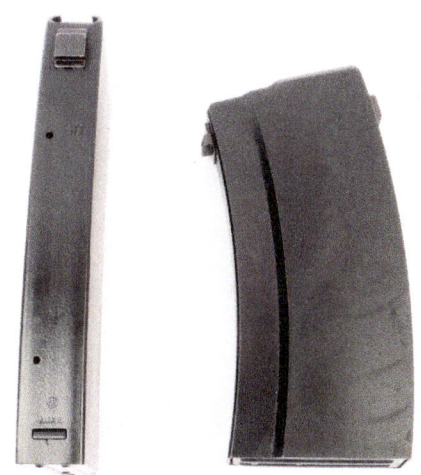

除军用型 STGW.57 外，只有 PE-57、SIG AMT 和 SIG 510-4 被大量生产。有快慢机的 SIG510-4 被智利和玻利维亚军队采用，口径为 7.5mm×55mm 的半自动 PE-57 在瑞士民间市场出售，而 SIG AMT 和 SIG 510-4 半自动步枪是出口民用市场的主要产品。现在，瑞士军中的 STGW.57 早已退役，并被 STGW.90/SG550 突击步枪所代替。

STGW.57/SIG510-4 的自动方式采用滚柱闭锁的枪机延迟后坐原理，是西班牙 CETME 步枪的闭锁机构的进一步改进。该枪以射击精度高闻名，虽然外形古怪，但该枪在北欧一些国家的地位犹如 M14 在美国的地位一般，至今仍能在一些射击比赛上看到它的身影。

50 VEPR 突击步枪

▼VEPR 突击步枪扳机细节图

VEPR 突击步枪基本参数	
口径：	5.45mm×39mm
全枪长：	702mm
枪管长：	415mm
空枪重：	3.45kg
射速：	600~650rpm
弹匣容量：	30rds

50 VEPR 突击步枪

VEPR 突击步枪简介

▼ VEPR 突击步枪分解图

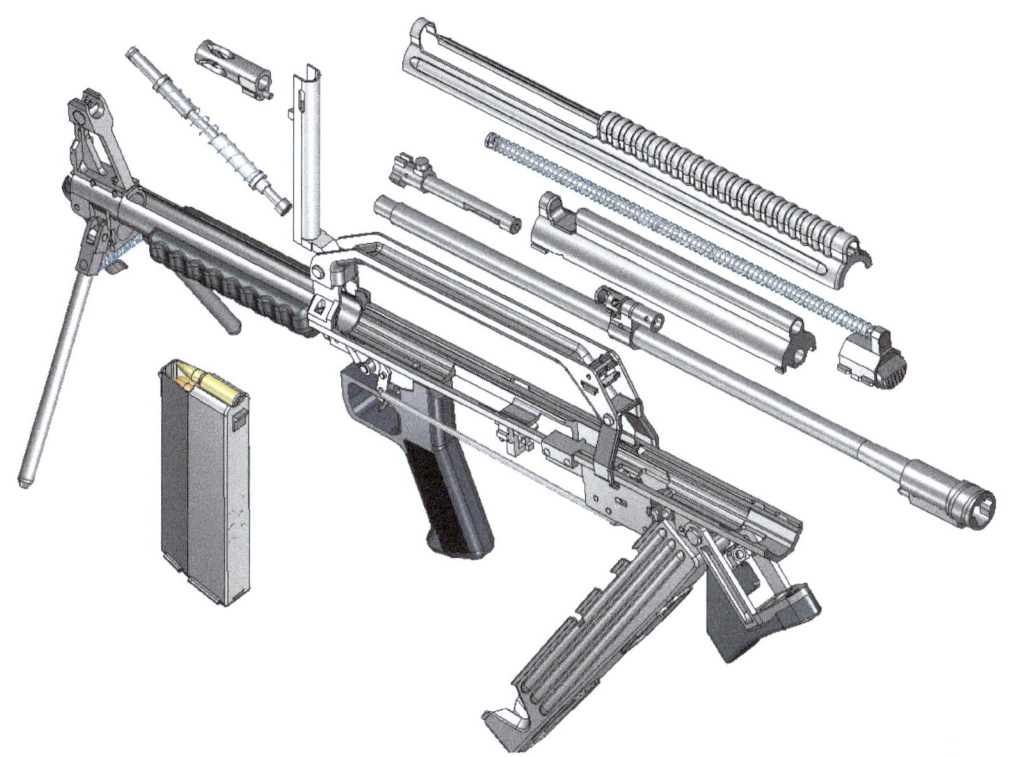

VEPR 是乌克兰在 2003 年公布的一种新设计的突击步枪。前苏联解体后，乌克兰的武装部队仍然使用前苏联时期的轻武器，包括 AKM 和 AK-74 突击步枪。据乌克兰的宣传资料称，"野猪"突击步枪对 AK-74 进行了重大的改进，作战性能大大提高，但事实上，它只是将 AK-74 改为了无托型。

"野猪"突击步枪采用了标准的 AK-74 内部机构，只是把枪托底板直接装配在机匣后；在机匣盖上加了一个塑料贴腮板，并把手枪形握把安装在弹匣前方；拉机柄被移到护木的左侧，但保险和快慢机的位置没有改变，所以在武器抵肩射击时很不方便。"野猪"突击步枪配有可调整的瞄准具和 AK 式的侧架瞄准镜架，配有乌克兰生产的标准反射式红点瞄准镜。"野猪"突击步枪的最新型号还配有一个整体式的 40mm 下挂式榴弹发射器，采用双扳机控制装置，前面的扳机控制榴弹发射器，后面的扳机控制步枪的发射。

▼ VEPR 突击步枪弹匣、扳机细节图

▼ VEPR 突击步枪枪口细节图

51 Zastava M90 突击步枪

▼Zastava M90 突击步枪准星细节图

Zastava M90 突击步枪基本参数	
全长：	985mm
总重：	4.9kg
弹药：	5.56×45mm
枪机种类：	长行程导气式活塞滚转式枪机
发射速率：	850rpm
枪口初速：	915m/s
有效射程：	500m
供弹方式：	10 发弹匣
瞄准具型式：	机械瞄具

51 Zastava M90 突击步枪

Zastava M90 突击步枪简介

Zastava M90 是由前南斯拉夫的扎斯塔瓦武器公司设计和生产的突击步枪。

▼ Zastava M90 突击步枪完整图

▼ Zastava M90 突击步枪弹匣

与许多前南斯拉夫制造的突击步枪一样，Zastava M90 也是 AK-47 的一种衍生型，该枪发射 5.56×45mm 北约标准弹，并以 30 发弹匣供弹。考虑到其使用的口径，此枪主要作为出口之用。M90A 是 M90 的衍生型，它附有一个类似于 AKMS 的可折式枪托。与苏联制的 AK 系列步枪较明显的差别是，M90 的护木上有 3 个散热口，而不是只有两个。

另外，M90 及 M90A 皆可发射枪榴弹。

▼ Zastava M90 突击步枪完整图

52 Zastava M70 突击步枪

▼Zastava M70 突击步枪握把细节图

Zastava M70 突击步枪基本参数	
枪管长度：	415mm
总重：	4.1kg
口径：	7.62mm
弹药：	7.62×39mm
枪机种类：	长行程导气式活塞，转栓式枪机
发射速率：	820rpm
枪口初速：	720m/s
有效射程：	360m
供弹方式：	30 发弹匣

52 Zastava M70 突击步枪

Zastava M70 突击步枪简介

Zastava M70 是塞尔维亚的 Zastava Arms 生产的 7.62mm 口径突击步枪，以前苏联 AK-47 系列为基础，也是塞尔维亚军队曾经大量装备的突击步枪。

▼ Zastava M70 突击步枪枪托细节图

▼ Zastava M70 突击步枪枪身细节图

M70 突击步枪以 AK-47 为基础设计，发射前南斯拉夫制造的 7.62×39mm M67 步枪弹，沿用 AK-47 的长行程活塞传动式气动系统、转栓式枪机，以 30 发可拆式弹匣供弹，具有全自动及半自动发射模式，装有与 AK-47S 相同的向下折叠式金属枪托，枪口装有向上斜切的制退器。

M70 比较特别之处是机匣厚度为 1.6mm，比 AKM 的 1mm 更厚，机匣的受压能力有所提高，但相对较重，并且 M70 的木制护木上有 3 个散热孔。

与其他国家仿制的 AKM 步枪不同的是，M70 在导气箍位置设有一个气体调节器，兼做枪榴弹瞄准标尺。射击时一般置于平放位置，此时导气孔打开；当需要发射枪榴弹时将标尺立起，此时导气孔关闭，以承受发射枪榴弹时的高膛压，防止枪机后坐。

Zastava Arms 的 M70 有多种衍生型，如 M70B1 和 M70AB2，两者皆内置枪榴弹瞄准标尺及对应枪榴弹发射的枪口装置。而 M72B1 轻机枪具有固定式折叠两脚架，M72AB1 轻机枪则装有可拆式两脚架。

▼ Zastava M70 突击步枪枪管细节图

53 SAR-21 突击步枪

▼SAR-21 突击步枪枪口细节图

SAR-21 突击步枪基本参数	
全枪长：	805mm
枪管长：	508mm
空枪重：	3.82kg
理论射速：	450~650rpm
枪口初速（M193/SS109）：	970/945m/s
有效射程（M193/SS109）：	460/800m
弹匣容量：	30rds

53 SAR-21 突击步枪

SAR-21 突击步枪简介

在 20 世纪 90 年代中期，新加坡武装部队提出要求，打算采用一种新步枪取代自 1973 年使用至今的 M16S1 步枪。该项要求在 1994 年正式提交给新加坡国防部，当时有两个方案，即购买新的武器（曾计划购买 M16A2）或研制新的本土步枪。

新加坡国防部与新加坡武装部队经过协商后决定不购买现成武器，而由 CIS 公司着手设计一种适合亚洲人体质的新武器，并且要求维护成本比 M16S1 低。

通过 4 年多时间的研制，CIS 公司设计出了一种无托结构的突击步枪，命名为 SAR-21（21 世纪新加坡突击步枪）。SAR-21 在 1999 年的 DSEi '99 防务展上首次展出，并在同一年被新加坡武装部队正式采用。没过多久，CIS 改组为 STK。SAR-21 由 STK 继续生产并供应新加坡军队，逐步取代 M16S1、SAR-80 和 SR-88，同时出口到其他国家的军队和执法机构。

▼ SAR-21 突击步枪分解结构图

SAR-21 的大件能简单地不用任何工具直接分解。上、下机匣的分解通过按两个定位销完成，带弹簧的定位珠和卡槽机构可防止定位销脱落。当上、下机匣分解之后，就可以从上机匣中取出机头和机框组件。在机框组件的尾部有一个击针定位杠杆，将击针取出后即可取出导柱，然后机头就可以从机框中取出。如果是进行日常保养，则不必做进一步分解。如果使用者需要取下发射机构，则需按动位于枪托底板前方的第三定位销，然后向下拉，这样即可取下发射机构。在没有练习的情况下，使用者在很短的时间内就能够分解 SAR-21。该枪装有一个 1.5 倍的光学瞄准镜和一个备用的表尺。该枪最显著的特点是不需要零点定位。

▼ SAR-21 突击步枪枪管细节图

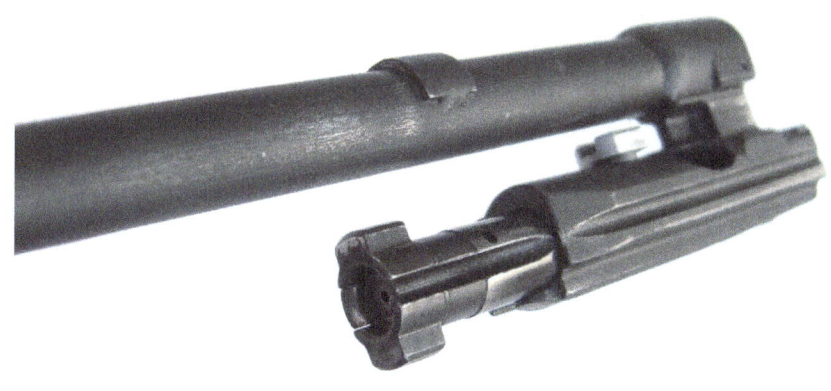

54 加利尔 MAR 突击步枪

▼加利尔 MAR 突击步枪枪身细节图

加利尔 MAR 突击步枪基本参数	
全长（枪托展开/折叠）：	710/460mm
枪管长：	190mm
膛线：	6 条，右旋，缠距为 305mm
瞄准基线：	310mm
空枪重：	2.98kg
枪口初速：	710m/s
射速：	630~700rpm

54 加利尔 MAR 突击步枪

加利尔 MAR 突击步枪简介

▼ 加利尔 MAR 突击步枪分解图

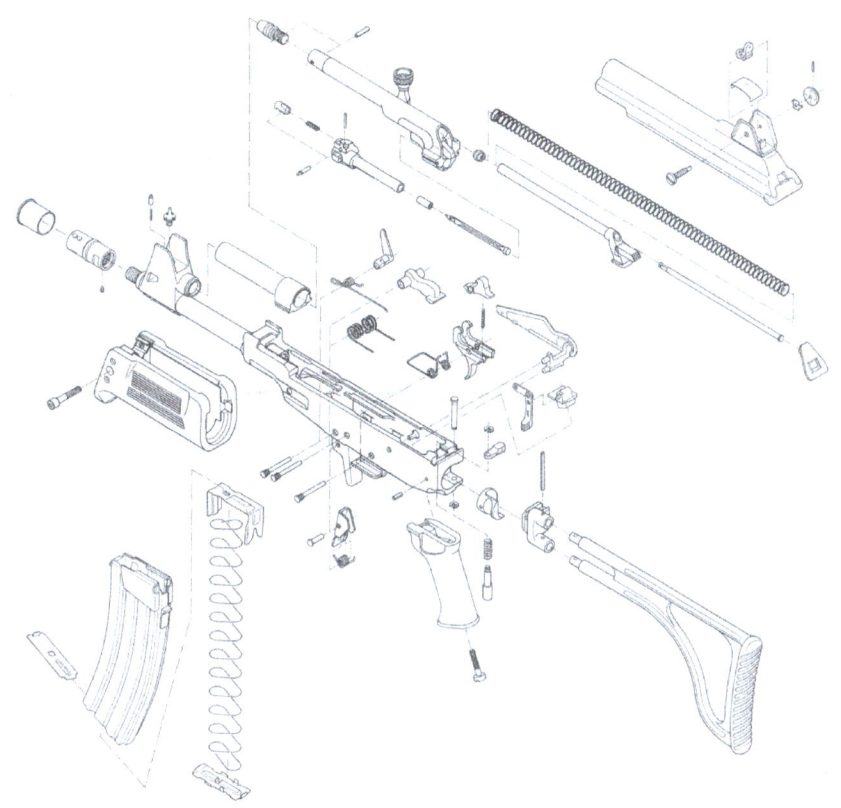

加利尔（Galili）突击步枪是以色列士兵在 1967 年"六日战争"中取得教训的一个产物。由于当时以色列军中大量装备的 FN FAL 步枪在沙漠环境中经常不能正常使用、故障多，因此以色列人加利尔——IMI 的首席武器设计师着手进行各种武器的野战试验，根据试验的结果，他得出一个理论：卡拉什尼科夫是一只"沙漠之虎"。于是他和 IMI 的另一位设计师 Yaacov Lior 带领一个研制小组，开始着手设计一种发射 5.56mm M193 弹的新步枪。

在加利尔步枪的几种型号中，AR 是突击步枪、ARM 是重枪管突击步枪、SAR 是短突击步枪。其开始时只有 5.56mm 口径，在 20 世纪 80 年代初，为了出口又研制出 7.62mm 口径的型号，在 20 世纪 90 年代兴起研制反恐怖武器的热潮，又发展出适合近距离战斗用的 MAR——微型突击步枪。

▼ 加利尔 MAR 突击步枪枪口细节图

▼ 加利尔 MAR 突击步枪枪托折叠细节图

SAR 是加利尔的短枪管型，尽管它的精度比标准枪管的 AR 和 ARM 稍差，但由于尺寸短小、重量较轻，颇受官兵欢迎。

55 塔沃尔 TAR-21 突击步枪

▼ 塔沃尔 TAR-21 突击步枪瞄准镜细节图

塔沃尔 TAR-21 突击步枪基本参数	
全长：	720mm
枪管长：	480mm
空枪重：	2.8kg
战斗全重：	3.635kg
膛线：	6条，右旋，缠距为 177.8mm
弹匣容量：	20/30rds
发射方式：	单发、连发
理论射速：	750~900rpm
初速：	890m/s

55 塔沃尔 TAR-21 突击步枪

塔沃尔 TAR-21 突击步枪简介

▼ 塔沃尔 TAR-21 突击步枪完整图

Tavor 系列突击步枪（Tavor Assault Rifle，TAR）是 IMI 公司轻武器分部研制的新型 5.56mm 无托结构突击步枪。这种武器在 20 世纪 90 年代后期被 IMI 提出用于替代以色列国防军（IDF）装备的所有 M16 突击步枪，包括所有的特种部队单位和正规军。但与近年来 IMI 研制的其他武器不同，TAR 不是一个现有武器系统的扩展或改进，而是一款全新设计的步枪。

TAR 共有 4 个型号，分别为标准型 TAR21、短枪管的突击队员型 CTAR（Commando TAR）、更短小的版本 MTAR（Micro TAR）、精确射击型步枪 STAR（Sharpshooting TAR）。

▼ 塔沃尔 TAR-21 突击步枪枪口细节图

▼ 塔沃尔 TAR-21 突击步枪枪身细节图

与一般无托结构设计一样，TAR 拥有所有无托枪的优点和缺点。一方面，全枪长度很短，却拥有一条有助于提高精确度的长枪管，比 5.56mm 加利尔和 M16 步枪长度更短、重量更轻。另一方面，无托结构的设计导致 TAR 的抛壳口非常接近射手的面部，因此射手在抵肩射击时不能在两个肩部间互换，这是无托结构的一个最大的战术缺点，尤其在室内近战（Close Quarters Battle，CQB）方面，在 CQB 的搜索战术动作中经常需要强迫改变抵枪部位在左、右肩之间变换。虽然 TAR 的抛壳口可以左右变换，但是需要一个分解武器的过程，如此一来就不可能在实战中进行。

56 HEZI SM-1 个人防卫武器

▼HEZI SM-1 个人防卫武器枪口细节图

HEZI SM-1 个人防卫武器基本参数	
全长：	661mm
全枪重：	2.9kg
枪管长：	457mm
枪口初速：	600m/s
有效射程：	140m
射速：	600rpm
弹匣容量：	10/15/30rds

56 HEZI SM-1 个人防卫武器

HEZI SM-1 个人防卫武器简介

以色列 ACS 公司（先进战斗系统公司——Advanced Combat Systems）在宣传 HEZI SM-1 卡宾枪的广告上宣称，这是特别适合"以色列街区的执法 PDW"。HEZI SM-1 其实不是一种全新设计的武器，而是改为无托结构的 M1 卡宾枪。

HEZI SM-1 整体外壳为工程塑料。HEZI SM-1 强化了枪机，增加了新的击针保险装置，抛壳口有自动打开的护盖；改进了导气装置和抛壳装置的可靠性；提把上有机械瞄准具及两段皮卡汀尼导轨；后导轨的位置较低，便于安装反射式瞄准镜，使瞄准镜的瞄准线与机械瞄准具的瞄准线基本一致；拉机柄在提把内，左、右手可操作；弹匣释放钮、空仓挂机解脱柄、保险机柄等控制部件集中于握把附近，而且左、右手均可操作，但无快慢机，与 M1 卡宾枪一样只能半自动射击；枪口有制退、消焰装置来降低后坐力，同时可安装消音器、榴弹发射器等附件；护木前下方有一段皮卡汀尼导轨，可安装两脚架、激光指示器等附件；弹匣直接采用 M1 卡宾枪的弹匣。

▼ HEZI SM-1 个人防卫武器枪托细节图

▼ HEZI SM-1 个人防卫武器枪把细节图

▼ HEZI SM-1 个人防卫武器完整图

为什么 ACS 公司会造出这样的东西呢？以色列警察认为 M1 卡宾枪的威力足以适合普通的武装执法人员，外形小巧，而且火力比手枪大，特别适合警察机构中的应急反应分队（不是特种部队）。但最近生产 M1 卡宾枪的 IAI（以色列武装国际公司）将要停产，在将来以色列警察将面临维持 M1 卡宾枪服役状态的备件供应不足的问题。所以 ACS 公司尝试开拓这个市场，但他们并没有像 IMI 那样开发新产品，而是提供对现成的 M1 卡宾枪进行改装和翻新，把 M1 卡宾枪改装成一种更短、更容易操作的个人自卫武器（PDW）。假如你有一把 M1 卡宾枪，你可以向 ACS 公司购买转换套件根据手册自己改装，也可以把你的 M1 寄给 ACS 公司让他们改装成 HEZI SM-1 后再寄回来。改装一把 M1 卡宾枪所需要的费用是购买一把新枪的 1/3。

57 AR-70/223 突击步枪

▼ AR-70 突击步枪枪身细节图

AR-70/223 突击步枪基本参数	
全长（枪托打开/折叠）：	940/736mm
膛线：	4条，右旋，缠距为 305mm
枪重：	3.55kg
口径：	5.56mm
枪管长度：	450mm
有效距离：	400m
发射速率：	650rpm

57 AR-70/223 突击步枪

AR-70/223 突击步枪简介

1968年，意大利伯莱塔公司与瑞士工业公司（SIG）共同研制了一种5.56mm口径、发射美国M193步枪弹的小口径突击步枪，当时名为"SIG-Beretta.223样枪"。但在后来的研制中，两家公司各自发展出不同的最终产品，SIG的产品被命名为SG530-1突击步枪，而伯莱塔公司的最终产品是AR-70/223突击步枪。

▼ AR-70 突击步枪枪口细节图

▼ AR-70 突击步枪枪身细节图

▼ AR-70 突击步枪枪管细节图

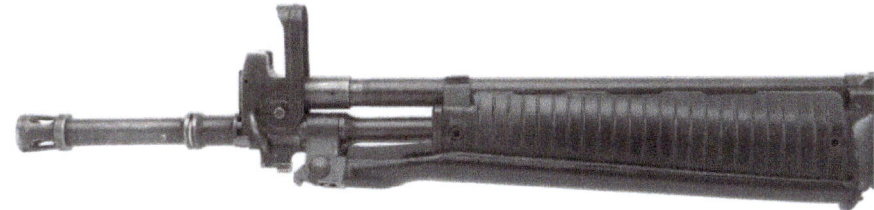

最初的伯莱塔70/223系列步枪只有两种型号。其中，AR-70/223为基本型突击步枪，采用塑料固定枪托，主要装备常规部队；SC-70/223是卡宾型，虽然说是卡宾型，但采用标准枪管，除折叠枪托外与基本型没有什么区别，主要装备特种部队。

58 AR-70/90 突击步枪

▼ AR-70/90 突击步枪弹匣细节图

AR-70/90 突击步枪基本参数	
全长（枪托打开/折叠）：	998/736mm
口径：	5.56mm
枪管长：	756mm
膛线：	6条，右旋，缠距为 178mm
枪重（不含弹匣）：	3.99kg
初速：	950m/s
理论射速：	600~740rpm
弹匣容量：	30rds

58 AR-70/90 突击步枪

AR-70/90 突击步枪简介

伯莱塔公司在 AR-70/223 系列步枪的实际使用中发现了一些设计上的缺陷需要改进，而当北约选定比利时 SS109 弹作为新的北约标准弹后，意大利军队也随之决定采用一种新的 5.56mm NATO 标准口径的突击步枪全面取代 BM59 自动步枪。于是，伯莱塔公司开始设计 70/223 系列步枪的改进型加入这次轻武器选型比赛。这种 AR-70/223 改进型步枪在 1985 年公布并提交军队进行试验，同台竞争的还有德国 HK 公司的 G41（由 Franchi 公司代理）和以色列 IMI 公司的加利尔（由 Bernadelli 公司代理）。同时伯莱塔 70/223 的改进型还与斯太尔 AUG、柯尔特 M16A2、恩菲尔德 L85A1、FN FNC、HK G41、IMI 加利尔、FAMAS 和 SIG SG550 一起参加了爱尔兰军队的制式步枪选型试验。在 1988 年 1 月，AUG 击败其他竞争对手被爱尔兰军队采用，但在意大利，伯莱塔公司的样枪在评审试验中获胜，它的基本型在 1990 年被正式命名为 AR-70/90 突击步枪，并在 1990 年 6 月正式被意大利军队采用。

▼ AR-70-90 突击步枪弹匣细节图

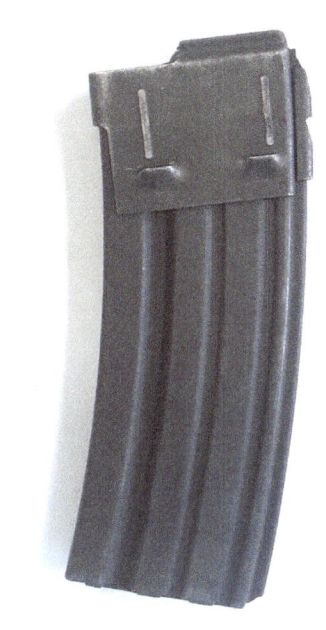

▼ AR-70-90 突击步枪弹匣细节图

▼ AR-70-90 突击步枪皮卡汀尼导轨细节图

AR-70/90 步枪在 70/223 步枪的基本结构的基础上做部分改进而成，全枪 105 个零部件中有 80% 可以与 AR-70/223 互换。与 AR-70/223 系列一样，除基本型以外，AR-70/90 系列步枪也有卡宾型、特种卡宾型枪和轻机枪型等型号。AR-70/90 系列步枪在意大利军队的装备数量共约 15 万支，在 1993 年前装备了 5 万支，其余在 1994 年后陆续交付。

59　ARX-160 突击步枪

▼ ARX-160 突击步枪枪口细节图

ARX-160(406mm 枪管) 突击步枪基本参数	
全长（枪托折叠/缩起/伸出）：	755/820/920mm
枪重：	3.1kg
口径：	5.56mm
枪机种类：短行程活塞式传动型气动式	
发射速率：	700rpm
枪口初速：	930m/s
有效射程：	400~600m
最大射程：	700m
供弹方式：	5/10/20/30/40 可拆卸弹匣

59 ARX-160 突击步枪

ARX-160 突击步枪简介

ARX-160 单兵武器是意大利的"21 世纪战士"（COMBATTENTE 2000-21st Century Fighter，即"陆地勇士"的意大利版）的武器平台，COMBATTENTE 2000 计划在 1999 年正式申请，经论证后，在 2001 年 7 月意大利政府正式批准了为期 4 年的研究 / 发展计划及 1 700 万欧元的开发预算，并重新命名为"未来士兵"（SOLDATO FUTURO）计划。当时其单兵轻武器暂时被称为 AR-2001，后来改为 ARX 160，由伯莱塔公司负责研制。

ARX-160 突击步枪的结构以 AR-70/90 系列为基础进行改进，所以其基本结构也是基于 AK 系统的，其最大的改进就是采用新材料以降低重量和减小尺寸。该步枪的主体将采用高强度塑料，重量将比 AR-70/90 突击步枪减轻 25%。这种未来步枪外形的灵感来源于伯莱塔公司的 CX4 "风暴"卡宾枪。该枪标准型的全长也比 AR-70/90 短，枪托展开后全长约 900mm。另外，伯莱塔公司会生产供精确射手使用的较长的重型枪管型，还有更短的卡宾型，士兵可以根据他的职能或个人需要转换步枪（模块化）。

▼ ARX-160 突击步枪分解图

该枪发射 5.56mm×45mm 北约标准弹，并配备有编程引信的下挂式 40mm 榴弹发射器、由 GALILEO AVIONICA 公司研制的步枪光学瞄准镜，火控系统也能为榴弹发射器提供射击诸元和设定起爆射程。AR-2001 步枪采用伸缩式的枪托，贴腮的位置和形状有所改进，使士兵戴上防毒面具后也能舒适地抵肩瞄准。其快慢机有保险、单发、3 发点射和全自动 4 种；采用杠杆式弹匣卡笋，位置在扳机护圈与弹匣之间，向上推一下就能解脱弹匣；采用北约 STANAG 4179 标准的 30 发弹匣（即 M16 标准的弹匣），另外还可以使用 BETA C-Mag 或其他大容量弹匣。

▼ ARX-160 突击步枪管细节图

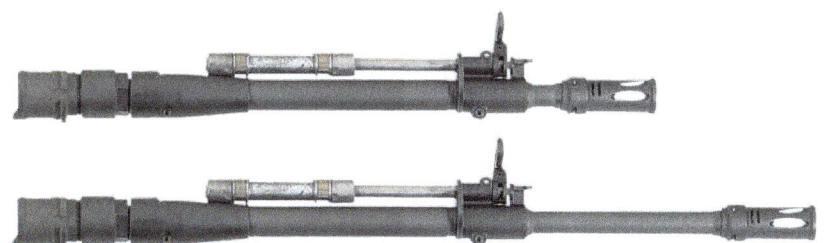

GLX-140 榴弹发射器配有整合火控系统的瞄准装置，这套火控系统由 GALILEO AVIONICA 公司研制，不过也可以使用普通的立式表尺瞄具。ARX-160 也能使用普通的瞄准镜，例如 Aimpoint COMP M 等。

60 BM59 突击步枪

▼ BM59 突击步枪枪托细节图

BM59 突击步枪基本参数	
全长：	1 095mm
总重：	4.4kg
枪管长度：	491mm
口径：	7.62mm
枪机种类：	
长行程导气式活塞，滚转式枪机	
发射速率：	750rpm
供弹方式：	14/20/25 发弹匣
瞄准具型式：	机械瞄具

60 BM59 突击步枪

BM59 突击步枪简介

在第二次世界大战结束以后，意大利部队采用了美国的 30-06 口径 M1 伽兰德步枪。为了满足陆军的需要，伯莱塔公司也在 1945 年获得了生产 M1 伽兰德步枪的特许，后来又生产了发射 7.62mm×51mm 北约弹的伽兰德步枪改进型。但这种第二次世界大战期间性能很好的半自动步枪自 20 世纪 50 年代后期已显得过时、落后了，因此意大利军方迫切需要一种采用 7.62mm×51mm 北约口径的新步枪。最省钱的方法就是利用老 M1 伽兰德步枪的诸多优良性能设计开发一种新枪，这项工作被指派给了伯莱塔公司。1959 年，在伯莱塔 M12 冲锋枪的主设计师德迈尼科·萨尔扎的领导下，由维托里奥·瓦尔开始研制新型自动步枪，过了不久就研制出了 BM59 步枪，随后又研制出了 BM59R、BM59D、BM59GL 和 BM60CB 几种变型枪。

BM59 在 1959 年被意大利军队采用，此外，印度尼西亚和摩洛哥也有装备，后来还特许生产 BM59。需要注意的是，最早的 BM59 是直接使用一些 M1 伽兰德的零件制造的。在 20 世纪 80 年代后期，意大利军队使用的 BM59 被伯莱塔 AR70/90 突击步枪所代替。目前，意大利已经不再生产 BM59，但意大利陆军仍有少量装备。

▼BM59 突击步枪弹匣细节图

▼BM59 突击步枪弹匣细节图（另一侧）

▼BM59 突击步枪后视视角

61 CX4 STORM 突击步枪

▼Cx4_Storm 突击步枪消音器细节图

CX4 STORM 突击步枪基本参数	
全长：	754.38mm
总重：	2.574kg
枪管长度：	421.64mm
口径：	9mm
枪口初速：	380m/s
有效射程：	100~150m
供弹方式：	10/15/17/18/20/30 发弹匣
瞄准具型式： 机械瞄具，舰孔式照门及柱状准星	

61 CX4 STORM 突击步枪

CX4 STORM 突击步枪简介

伯莱塔 CX4 STORM 突击步枪是伯莱塔公司的"XX4 风暴"系列武器中的第一种。CX4 STORM 突击步枪在 21 世纪初推出，原始概念是为平民提供一种能够通用大多数手枪弹，枪身紧凑、轻便的运动用和自卫用武器。另一方面，一些国家或地区有限制普通警察使用全自动武器的规定，在面对火力强大的歹徒时，如果只依靠手枪和射程不远的霰弹枪，难以支撑到特警队的到来。因此，这些地方的警察一般把冲锋枪改成只能半自动射击的突击步枪来增强火力，例如 MP5SFA2。所以，CX4 STORM 突击步枪同样适合这些执法人员使用。

▼ CX4 STORM 突击步枪枪托细节图

▼ CX4 STORM 突击步枪枪口细节图

▼ CX4 STORM 突击步枪枪膛细节图

伯莱塔 CX4 STORM 突击步枪使用伯莱塔手枪弹匣，能通用伯莱塔 92/96 式（9mm 和 .40S&W）手枪或伯莱塔 8000/8040/8045 式（9mm、.40S&W 和 .45ACP）手枪的全部弹匣。和其他发射手枪弹的卡宾枪一样，它能准确地打到 100~150m 距离的目标。

在研制这件武器时，伯莱塔的设计师比较重视武器的造型美学，所以该枪看起来很新潮。

伯莱塔 CX4 STORM 突击步枪采用自由后坐式枪机，只有半自动一种射击方式。考虑到民间用户有更多的左撇子射手，所以 CX4 被设计能很容易地转换抛壳方向。拉机柄能安装在枪的左侧或右侧，拉壳钩和抛壳挺也能左右置换（左、右两侧都有抛壳口），机匣由两部分（上前部和下后部）组成，用高强度聚合物制成，这两部分在扳机护圈前面用一个分解销固定起来。扳机是单动式，有内部击锤和自动保险。手动保险为横贯机匣的推钮式，位于扳机上方，也可置换到左侧或右侧。该枪还有手动挂机功能，用手推压握把上方的杠杆就能挂起枪机。另外，弹匣释放钮也能安装在左侧或右侧。其机械瞄具包括准星、可调高低和风偏（用于归零）的翻转式觇孔照门。如果使用者需要安装瞄准镜或红点镜，可选择把皮卡汀尼导轨装到机匣顶端。在机匣前面的 3、6 和 9 点钟的位置，可加装 3 个可选择的短导轨。CX4 STORM 突击步枪也有背带转环。

RX4 STORM 突击步枪

▼RX4 STORM 突击步枪枪口细节图

RX4 STORM 突击步枪基本参数	
全长（枪托缩折/伸展）：	777.24/825.5mm
总重：	3.13kg
口径：	5.56mm
枪口初速：	700~945m/s
有效射程：	250~300m
供弹方式：	"STANG 4179"接口弹匣 5/10/20/30/40 发弹匣
瞄准具型式：	机械瞄具，鬼环式照门及柱状准星

62 RX4 STORM 突击步枪

RX4 STORM 突击步枪简介

▼ RX4 STORM 突击步枪分解图

伯莱塔 RX4 "风暴" 步枪在 2006 年公布，是 "XX4 风暴" 系列中最新的一种。这种步枪上充斥着伯奈利公司产品的影子，而且看起来好像是用不同枪上的部件装配起来的。实际上就是这个样子，因为伯莱塔公司已经买下了伯奈利公司，他们能直接拿到伯奈利的设计和零件。伯莱塔 RX4 步枪其实就是把发射中间口径弹的伯奈利 R1 猎枪改装成发射小口径弹的半自动步枪，它直接使用了伯奈利 R1 步枪的机匣和导气系统，但在机匣下面加了一个聚合物的弹匣插座，这样就能直接使用北约 4179 标准弹匣（通用 AR-15/M16 弹匣）了，而枪托直接采用了伯奈利 M4 超级 90 霰弹枪的伸缩枪托。

伯莱塔 RX4 步枪是导气式操作的半自动步枪，采用伯奈利专利的自动调节导气系统（ARGO），这是已经在伯奈利 M4 超级 90 霰弹枪上应用的短行程双导气活塞系统，不过在 RX4 上只有一组导气活塞。回转式枪机有 3 个凸笋闭锁，由于复进簧收在枪托内，因此 RX4 不能随意更换成折叠枪托，而只能使用固定枪托或部分可伸缩的枪托。RX4 步枪配有可调节的开放式瞄具，在前托上安装有皮卡汀尼导轨，另外机匣顶也能附加导轨。其枪管长度有 16in 和 12.5in 两种。

伯莱塔 RX4 步枪主要适用于居家自卫、实用射击、安全保卫和警察执法等。由于这样的定位，该枪目前只推出了半自动型。

▼ RX4 Storm 突击步枪准星细节图

63 L85 A1 突击步枪

▼L85 A1 突击步枪弹匣、握把细节图

L85 A1 突击步枪基本参数	
全长：	785mm
枪管长：	518mm
空枪重：	3.8kg
战斗全重：	4.98mm
膛线：	6 条，右旋，缠距为 178mm
初速：	940m/s
枪口动能：	1 767J
理论射速：	610~775rpm
弹匣容量：	30rds

63 L85 A1 突击步枪

L85 A1 突击步枪简介

▼ L85 A1 突击步枪枪身细节图

L85 A1 突击步枪采用无托结构，即机匣为枪托，这种直枪托结构采取自动机后移至通常枪托所处的位置，而发射机构移到弹匣之前，这样不减短枪管就可以使全枪长度缩短。L85 A1 枪管长 520mm，与美国 M16A2 的枪管相当，全枪长只有 785mm，而 M16A2 全枪长却约有 1 000mm。无托枪的好处是尺寸小，士兵携行方便，有利于在狭小的空间战斗，特别适合机械化步兵装备，具有灵活、机动的优点。其缺点是只能抵右肩射击，据说 SA80 最初设计时是提供有向左抛壳的转换装置的，但在英国军队服役必须严格纠正使用右手，所以就省了。其实无托枪不能供左撇子射手使用的缺点并不重要，反而是右撇子在战斗时，需要利用地形地物掩护身体右侧不得已换左手射击时会比较麻烦。

▼ L85 A1 突击步枪瞄准镜细节图　▼ L85 A1 突击步枪战术导轨细节图

64 Zastava M21 突击步枪

▼Zastava M21 突击步枪细节图

Zastava M21 突击步枪基本参数	
全长：	762mm
枪管长：	196mm
空枪重量：	3.86kg
发射速率：	600rpm
有效射程：	60m

64 Zastava M21 突击步枪

Zastava M21 突击步枪简介

　　Zastava M21 是塞尔维亚的 Zastava Arms 生产的突击步枪，是以前苏联卡拉什尼科夫（AK）系列为基础做改进的步枪之一。

　　M21 突击步枪在 AK-47 的基础上改进了设计，以轻型、紧凑和可靠为重点，沿用短冲程活塞传动式气动系统、转拴式枪机，改为发射 5.56×45mm NATO 或 .223 Remington 步枪子弹，以 30 发可拆式弹匣（并非 STANAG 弹匣）供弹，附有橡胶底板的折叠式枪托，弹匣、护木及握把采用聚合材料制造，采用冷锻镀铬枪管，枪口装有消焰器，机匣顶部中段设有可调式照门，瞄准基线比 AK 系列长，并在机匣左面预留位置加装皮卡汀尼战术导轨以对应各种瞄准镜，护木可下挂 40mm GP 系列榴弹发射器。

▼Zastava M21 突击步枪枪身细节图

　　M21 除了全长 998mm（枪托打开）的标准型外，另有 3 种衍生型，长枪管和短枪管卡宾枪型的 M21C，以及专为特种部队和警队做城市战开发的，打开枪托后全长只有 856mm 的短枪管卡宾枪型 M21S。

▼Zastava M21 突击步枪扳机细节图

▼Zastava M21 突击步枪枪托细节图

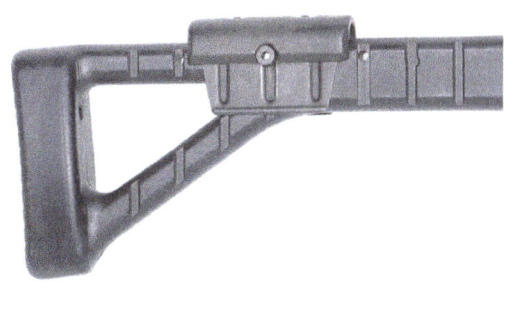

65　OTs-14 突击步枪

▼OTs-14 突击步枪枪托细节图

OTs-14 突击步枪基本参数	
全长：	610mm
枪管长：	240mm
总重：	2.7kg
枪机种类：	长行程导气式活塞，转栓式
枪口初速：	300m/s
有效射程：	200m
最大射程：	400m
供弹方式：	20 发弹匣

65 OTs-14 突击步枪

OTs-14 突击步枪简介

▼ OTs-14 突击步枪枪身细节图

OTs-14 是俄罗斯现役的全自动无托突击步枪，使用 9×39mm 亚音速弹药。此枪开发于 20 世纪 90 年代初期，由俄罗斯图拉市的中央运动与捕猎用枪设计局设计，图拉兵工厂负责生产。

OTs-14 研制计划开展于 1992 年 12 月，主设计师分别是 GP-25 下挂式榴弹发射器设计者维列里·捷列什和尤里·列别捷夫。研发团队以成熟的 AKS-74U 卡宾枪为起点，设计出一款结合了各种近身战斗枪械特点的新武器。在经历将近一年的测试后，OTs-14 在 1994 年初得以投产，并于同年 4 月在莫斯科举行的武器展销会中亮相。很快，OTs-14 赢得了俄联邦内务部队和国防部旗下的特种部队的青睐。除了这两支部队以外，一些伞兵部队和工兵等前线特殊战斗单位也装备了这种武器。OTs-14 在设计初期有 5.45×39mm、5.56×45mm、7.62×39mm 和 9×39mm 4 种口径，但为满足内务部队在车臣战争中对近战武器的需求，早期只生产了 9×39mm 的型号，即"闪电-4"型。后来生产了 7.62×39mm 的"闪电-1"型，以满足其他部队的需要。

▼ OTs-14 突击步枪枪管细节图

TKB-022 突击步枪

▼ TKB-022 突击步枪扳机细节图

TKB-022 突击步枪基本参数	
全长：	755mm
枪管长：	415mm
总重：	2.6kg
枪机种类：	气动式、转栓式枪机
口径：	7.62mm
发射速率：	560rpm
供弹方式：	30发可卸式弹匣
瞄准具型式：	机械瞄具

66 TKB-022 突击步枪

TKB-022 突击步枪简介

▼TKB-022 突击步枪枪身细节图

TKB-022 突击步枪是一种由前苏联轻兵器设计师日耳曼·A·科洛波夫于 20 世纪 60 年代设计的无托结构突击步枪,可以全自动射击,分别发射 7.62×39mm 口径步枪子弹和 5.6×39mm 口径步枪子弹。

▼TKB-022 突击步枪弹匣细节图

这种武器是气动式操作,位于枪管上方的环状气动活塞会围绕枪机并且使枪机垂直移动,这使得它可以最大限度地降低机匣的总长度。一条 U 形杆连抽壳钩的用途是抓着子弹,并且将子弹从弹匣推到膛室内。在射击以后,U 形杆连退壳钩会抓着下一发子弹并且推到膛室内。另外,这种突击步枪和 TKB-011 2M 一样是第一种使用前置式抛壳口的突击步枪。在发射以后,原来的弹壳会被抽出膛室并且经由机匣内部的机构从下方的抛壳口自然排出。正因为这种枪上装了这种机械装置,解决了左手射击时弹壳抛向射手面部及被气体灼伤的问题,并使一般无托结构枪械都不可能以左右双手进行射击变成了可能。现在的 FN F2000 也有使用类似的设计。

这种武器有最佳的突击步枪的枪管长度及总长度之间的比例。既使以不稳定的姿势射击,TKB-022PM No.1 和 TKB-022PM No.2 的精度都是 AKM 的 3 倍。而 TKB-022PM5 No.1 在 100m(109.36 码)距离以横卧的姿势射击时的精度比 AKM 好。

虽然这种突击步枪的表现不错,但是它们遭到苏联红军保守派将领的强烈抵制。此外,还有人担心这种武器的设计问题,例如将全枪的重心设于武器的尾部(将全枪的重心设于武器的握把位置可以更容易操作武器)、武器的塑料外壳以及武器本身在恶劣条件下长时间操作时的耐用性。

▼TKB-022 突击步枪枪口细节图

67 VZ-58 突击步枪

▼ VZ-58 突击步枪分解图

VZ-58 突击步枪基本参数	
全长（枪托展开/折叠）：	845/636mm
	1 000mm（装上刺刀座）
枪管长度：	390mm
总重：	2.91kg
口径：	7.62mm
枪机种类：	气动式，活塞作用
发射速率：	800rpm
枪口初速：	750m/s
有效射程：	100~800m
枪口动能：	1 988J
最大射程：	2 800m
供弹方式：	30 发可拆卸弹匣

67 VZ-58 突击步枪

VZ-58 突击步枪简介

▼ VZ-58 突击步枪枪身细节图

VZ-58 是一款由捷克研制的突击步枪,发射前苏联的 7.62×39mm 中间型威力枪弹。

▼ VZ-58 突击步枪枪身细节图

在 1953 年,捷克的枪械设计师伊曼纽尔·哈力克曾设计过一种类似 AK-47 的自动步枪,捷克政府对该枪进行过试验。1956 年 1 月,另一名捷克枪械设计师伊日·塞马克开始研制一种以伊曼纽尔·哈力克的步枪作为基础并加以改良的突击步枪,即 VZ-58,该新枪设计项目被命名为"扫帚"。VZ-58 样枪在两年后就被捷克军队定型和采用,并由位于捷克的乌尔斯基·布罗德国营兵工厂负责生产。

捷克斯洛伐克是唯一一从没有仿制及正式装备 AK 步枪的华沙条约国家。尽管 VZ-58 与 AK-47 外型相似,但其内部结构却与 AK-47 有着天壤之别,因此算不上是 AK 枪族的一员。

▼ VZ-58 突击步枪刺刀细节图

68 9A-91 突击步枪

▼ 91-91 突击步枪枪身细节图

9A-91 突击步枪基本参数	
全长：	605mm
口径：	9mm
全枪重：	2.5kg
弹匣容量：	20 发

68　9A-91 突击步枪

9A-91 突击步枪简介

9A-91 是一支由俄罗斯的图拉 KBP 仪器设计厂于 1992 年研制及生产的突击步枪（卡宾枪），发射 9×39mm 亚音速步枪子弹，目前，俄罗斯警察正在使用。

▼9A-91 突击步枪枪身细节图

图拉 KBP 仪器设计厂在 20 世纪 90 年代初就自筹资金并且自主开发了一种新式近身距离作战警用武器，其设计目标是设计一款比 AKS-74U 5.45×39 mm 口径短管突击步枪更轻、有更好的停止作用和侵彻能力的突击步枪，而且其生产和维护成本都比较低。

▼9A-91 突击步枪完整图细节图

69 SR-3 旋风突击步枪

▼ SR-3 旋风突击步枪枪口细节图

SR-3 旋风突击步枪基本参数	
全长：	610mm
总重：	2.46kg
枪管长度：	156mm
口径：	9mm
枪机种类：	长行程活塞传动型气动式
发射速率：	900rpm
枪口初速：	295m/s
有效射程：	大约200m
最大射程：	400m
供弹方式：	10、20发可拆卸式弹匣

69 SR-3 旋风突击步枪

SR-3 旋风突击步枪简介

由于 SR-3 是由 AS Val 改进而成的，因此自动原理和击发结构都一样。SR-3 采用了气动式操作原理，位于枪管上方的长行程气动活塞与枪机机框以刚性连接，转拴式枪机机头具有 6 个锁耳。其机匣采用锻压钢加工，以提高强度和耐用性。

▼ SR-3 旋风突击步枪握把细节图

SR-3 在耐冲击的聚合物护木前上方设有一对左右对称的滑块状拉机柄，让握护木的手的拇指和食指抓住拉机柄两侧并向后拉动至后方就能拉动枪机，然后松开拉机柄即可完成推弹上膛的动作。拉机柄在发射时不会跟随着枪机一起运动。在枪机机框右侧有一个水滴形状的凹坑，内部具有锯齿形防滑纹。如果发生闭锁不完全或者需要手动闭膛，使用者可以用手指借由水滴状凹坑强行向前推枪机以完成闭锁。

SR-3 的扳机和击发机构与 AS Val、VSS Vintorez 和捷克 VZ-58 相同的是都采用了平移式击锤。击锤簧位于枪机复进簧的下方，两个弹簧组的弹簧导杆和聚合物枪机缓冲器一起安装在枪尾。SR-3 也把 AK 样式保险柄改为塑料握把上方两侧设置的杠杆，方便使用者左右两手都可以由拇指轻松地激活操作。快慢机的位置在扳机护圈内，位于扳机后面。

▼ SR-3 旋风突击步枪枪身细节图

70 VHS 突击步枪

▼VHS 突击步枪瞄具细节图

VHS 突击步枪基本参数	
全长：	765mm
总重：	2.3kg
枪管长度：	500mm
口径：	5.56mm
枪机种类：	长行程活塞传动型气动式
供弹方式：	20、30 发可拆卸式弹匣

70 VHS 突击步枪

VHS 突击步枪简介

VHS 是一支由克罗地亚的 HS Produkt 公司研制及生产的无托结构突击步枪，发射 5.56×45mm 北约口径制式步枪子弹。VHS 突击步枪首次在 2007 年的 iKA 展览中展出，其开发原因是因为克罗地亚军队的一个新的招标，他们需要一种新的单兵用步枪装备，而且需要以北约的标准来设计，并且会将克罗地亚军队所装备的各种 AK-47 的衍生型（包括 Zastava M70、APS-95）全部取代。

虽然我们对 VHS 步枪初期的信息不太清楚，但是在 2005 年的时候显示至少有两个原型被制作出来了：其中一个表面上类似于法国制式步枪 FAMAS，而另外一个类似于以色列 IMI 的塔沃尔 TAR-21 枪族，拉机柄设置在枪身左前部，其握把护圈兼前握把下方还设置了一个可以收纳于其中的小型两脚架。从 2008 年 12 月最新发布的和 VHS 有关的照片显示，类似 FAMAS 设计的原型枪已成功通过测试。

▼VHS 突击步枪枪身细节图

▼VHS 突击步枪枪身细节图

VHS 和南非的 CR-21、法国的 FAMAS、比利时的 FN F2000 和 FN P90、以色列的 IMI 塔沃尔 TAR-21、伊朗的 KH2002、俄罗斯的 OTs-14、中国的 QBZ-95 和 QBB-95、英国的 SA80、新加坡的 SAR 21、奥地利的斯太尔 AUG 和斯太尔 ACR 一样采用了无托结构设计，其无托结构枪械设计首次使用于 1940 年英国研制的 EM-1 和 EM-2 突击步枪。无托结构枪械的设计是把枪机等主要部件放在手枪握把的后面，从而缩短了总长度而不缩短枪管长度。VHS 拥有卡宾枪的长度以及步枪的枪口动能，无托设计同样将士兵的轮廓最小化，并增加了士兵在巷战中的灵活性。

71 XL-64 突击步枪

▼ XL-64 突击步枪枪托、弹匣细节图

XL-64 突击步枪基本参数	
全长：	770mm
总重：	3.89kg
枪管长度：	518mm
弹药：	4.85mm SAA
枪机种类：	
短行程导气式活塞，转拴式枪机	
枪口初速：	380m/s
供弹方式：	20 发弹匣
瞄准具型式：	SUSAT 光学瞄准镜

71 XL-64 突击步枪

XL-64 突击步枪简介

XL-64 是一款英国在 20 世纪 70 年代研制的中型口径无托结构突击步枪，基于其发射的子弹，此枪也被称为"4.85 单兵武器"。

英国早在 1951 年研制有中型口径无托结构突击步枪，当时研制出的型号就是发射.280 英国枪弹的 EM-2 和 Taden gun。但由于美国在北约标准化的努力下极力建议采用威力较强的 7.62×51mm 枪弹，迫使英国最终采用了 7.62mm 口径的 L1A1 SLR，并放弃了上面提到的两种步枪。

▼XL-64 突击步枪瞄具细节图

在 20 世纪 60 年代，英国曾提出抗议，说北约的 7.62×51mm 枪弹用在自动步枪上显得过于强大。在经过一番争论之后，美国陆军最终采用了发射比.280 口径更低发射功率枪弹的.223 口径 M16 突击步枪。在标准化被打破之后，英国军队在 20 世纪 70 年代再次研究更小口径的枪弹。经过一番努力之后，他们研制出一种发射和 M16 有着相近的重量，但更小直径的子弹，并采用相同的反冲模式，同时具有更出色的渗透力和弹道性能的武器，此武器是一款发射 0.190in（4.85mm）枪弹的突击步枪。

▼XL-64 突击步枪握把细节图

这款新的步枪被命名为 L64/65 "单兵武器"，其外型类似早期的 EM-2，但其内部结构采用了类似阿玛莱特 AR-18 的设计，此枪的第一个样本于 1972 年推出。

1976 年，北约已准备好制定其制式小口径枪弹，并于 1977 年开始测试各种同类的枪弹。按照设计，英国的枪弹比美国标准的 5.56mm 枪弹有着更优秀的性能。然而，Fabrique Nationale 以 5.56mm 作为基础的 "SS-109" 枪弹的表现与英国的枪弹相当。最后，SS-109 被选为北约制式小口径枪弹。

另外，英军在 1985 年采用的 SA80 枪族是以 L64 作为基础的。

▼XL-64 突击步枪枪管细节图

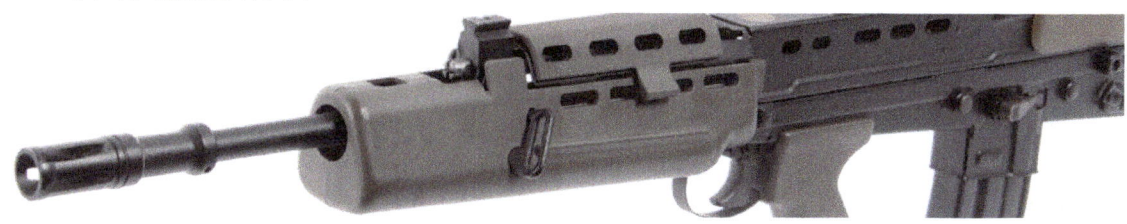

72 AR-18 突击步枪

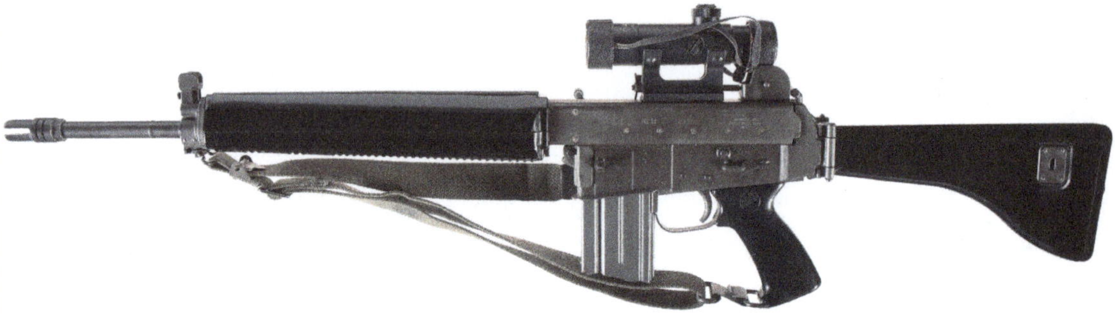

▼AR-18 突击步枪枪口细节图

AR-18 突击步枪基本参数	
全长：	965mm
总重：	3kg
枪管长度：	457mm
弹药：	5.56×45mm
枪机种类：	短行程导气式活塞，转拴式枪机
发射速率：	700~800rpm
枪口初速：	991m/s
供弹方式：	20、30、40 发弹匣
瞄准具型式：	机械瞄具

72 AR-18 突击步枪

AR-18 突击步枪简介

▼ AR-18 突击步枪弹匣细节图

AR-18 是一种弹匣供弹、气动式、选射突击步枪，发射 5.56×45mm 北约标准弹药。AR-18 是由阿玛莱特公司在 1963 年基于 AR-15 设计的。虽然 AR-18 并没有被任何一个国家作为制式步枪，它却影响了后来的许多武器，如英国的 SA80、新加坡的 SAR-80 和 SR-88，以及德国的 HK G36 系列。AR-18 也因爱尔兰共和军（IRA）的使用而得到许多恶名，例如"寡妇制造者"。

在 1957 年采用发射 7.62×51 NATO 口径的 M14 之后，美国陆军司令部（CONARC）开始进行小口径高速（SCHV）步枪的衍生研究，即 SALVO 计划。阿玛莱特公司与温彻斯特连发武器公司被要求开发一款发射 5.56mm 口径枪弹的高射速步枪的原型枪。阿玛莱特公司提出的 AR-15 是 7.62mm 的 AR-10 的缩小版，而它的竞争对手提出的则是仿制"卡宾" 威廉所设计的卡宾枪的原型。

AR-18 步枪的结构确实迥异于传统的 AR-15/M-16 系列步枪，尽管 AR-18 步枪也是采用气体传动运作，但是它是以瓦斯筒承接瓦斯，然后推动连杆，将枪机往后推动完成枪机开锁，退抛壳与再进弹备待发的程序动作，即它的结构类似 M-14 步枪，只是拉柄与活塞连杆不是一个组成罢了。

▼ AR-18 突击步枪完整图

73 XM8 突击步枪

▼ XM8 突击步枪握把图

XM8 突击步枪基本参数	
弹药：	5.56mm
总重：	2.569kg
枪机种类：	短行程导气式活塞转栓式枪机
发射速率：	750rmp
枪口初速：	920m/s
供弹方式：	30 发可拆卸式弹匣
瞄准具型式：	可卸式内红点光学瞄准镜

73 XM8 突击步枪

XM8 突击步枪简介

▼XM8 突击步枪完整图

XM8 是一款由黑克勒-科赫公司在 20 世纪 90 年代末期至 21 世纪初期为美军研发的轻型突击步枪。作为美军 OICW 整合计划中的一款枪，XM8 除承袭 G36 的基本结构外还拥有不少前卫的设计，如大面积采用塑料制作枪身、同族枪械之间的零部件拥有极高的通用性等。因此，外界一直对 XM8 寄予厚望，并认为该枪将是美军未来大量采用的单兵制式兵器。然而美军在 2005 年 4 月宣布暂停 XM8 计划，并在同年 10 月正式全面取消对 XM8 的开发。

▼XM8 突击步枪扳机图

74 K2 突击步枪

▼K2 突击步枪枪口图

K2 突击步枪基本参数	
全长：	970mm
总重：	3.26kg
枪管长度：	465mm
枪机种类：	长行程导气式活塞转栓式枪机
发射速率：	700~900rmp
枪口初速：	920m/s
有效射程：	600m
最大射程：	3 300m
供弹方式：	20 或 30 发可拆卸弹匣
瞄准具型式：	机械瞄具

74 K2 突击步枪

K2 突击步枪简介

K2 突击步枪是韩国装备的制式步枪，由大宇集团生产，发射 5.56×45mm 的 NATO 子弹。

K2 突击步枪是一把长冲程导气、可选射击模式（全自动与半自动）的 5.56mm 口径突击步枪，以 20 或 30 发 STANAG 弹匣供弹，护木、握把和可折叠枪托均由高强度聚合物制成。它的枪机系统由 M16 突击步枪衍生而来，但是步枪的各部件和 M16 均不通用。其气动系统从以色列的 IMI Galil 突击步枪衍生而来（Galil 的气动系统由 AK-47 衍生而来），因此比 M16 更可靠。其膛线为 6 条右旋，缠距为 7.3in。K2 步枪坚固、耐用、精确，赢得了韩国士兵的欢迎。此枪也曾搭配 20 世纪 90 年代初期的运动步枪式枪托短暂地进入过美国武器市场，不过由于这批民用型版本采用简陋的瞄具和粗糙的表面处理没有受到美国使用者的欢迎。

75 英萨斯突击步枪

▼ 英萨斯突击步枪子弹

英萨斯突击步枪基本参数	
全长：	960mm
总重：	3.3kg
枪机种类：	长行程导气式活塞滚转式枪机
发射速率：	600rpm
枪口初速：	900m/s
有效射程：	500m
供弹方式：	20、30发弹匣
瞄准具型式：	机械瞄具瞄准镜

75 英萨斯突击步枪

英萨斯突击步枪简介

▼ 英萨斯突击步枪完整图

英萨斯突击步枪是由兵工厂领导小组带领 Tiruchirappalli 兵工厂、坎普轻武器工厂和伊沙波步枪工厂合作开发的，此枪是印度陆军的现役制式步枪。

20世纪80年代，印度军方开始意识到7.62mm口径的L1A1半自动步枪已经过时，印度政府下属的兵工厂领导小组便开始研制一种全新的步枪，该步枪以前苏联的AKM和以色列的加利尔步枪为基础，并做出了一些改良（如使用透明弹匣），其成果是英萨斯步枪（INSAS）。英萨斯步枪首次在1999年的卡吉尔战争中投入使用。由于印度军队在该枪第一次配发的时候并未建立5.56mm口径子弹的生产线，故当时他们配用的弹药是从以色列进口的。

▼ 英萨斯突击步枪完整图

▼ 英萨斯突击步枪握把细节图

76 丰和 89 式突击步枪

▼ 丰和 89 式突击步枪枪托细节图

丰和 89 式突击步枪基本参数	
全长：	916mm
总重：	3.5kg
枪管长度：	420mm
弹药：	5.56×45 NATO
口径：	5.56mm
枪机种类：	短行程导气式活塞、滚转式枪机
发射速率：	750~850rpm
枪口初速：	920m/s
有效射程：	500m
供弹方式：	20、30 发 STANAG 弹匣

76 丰和 89 式突击步枪

丰和 89 式突击步枪简介

丰和 89 式 5.56mm 步枪是丰和 64 式 7.62mm 自动步枪的后继,并由丰和工业基于美制 AR-18 突击步枪开发而成的,也是根据 NATO 标准制作的 5.56mm 口径突击步枪,日本自卫队于 1989 年开始配备使用。另外,89 式也在日本海上保安厅及日本警察的特警部队中配备使用。

▼ 丰和 89 式突击步枪完整图

作为丰和 64 式 7.62mm 自动步枪的后继产品,丰和 89 式步枪在研制之初就针对 64 式步枪的缺点做了一系列改进。

重量低:尺寸比 64 式明显减小,该枪全长只有 0.920m(折叠枪托时的长度为 0.67m),重量也从 5.1kg 降低到 4.15kg。

防尘盖改进:比 64 式创新,可前后移动,不射击时向前推上,射击时在枪机拉柄后退过程中向后推开。

增加射击方式:比 64 式增加了单连发和 3 连发点射的设计,并且可卸式 3 发点射机构安排在扳机后部,采用独立设计,不与单、连发基本扳机机构连为一体。

改进瞄准具:64 式瞄准具为折叠式,射击时需要先用手立起,较为烦琐,89 式步枪改用固定式机械瞄准具。

改进快慢机:89 式快慢机只需用手指即可轻松操作,和需要整只手才能操作快慢机的 64 式相比,其便捷性有了明显提高。

缓冲式活塞系统:89 式的活塞和活塞筒设计相当独特,这种缓冲式设计不仅能有效地避免火药气体污染枪机,还有助于提高其动作可靠性和零部件的寿命。据说借助这种缓冲式活塞和枪口制退器能将发射时的后坐力减少 60%,防止了枪体震动,大幅提高了射击精度。

刺刀:89 式步枪可在枪口装上美军现在使用的 M9 刺刀。当然,89 式步枪也有其专用刺刀。

枪榴弹:89 式步枪也可装上 06 式枪榴弹。

除了这些措施以外,89 式还继续保留了 64 式上的两脚架和 64 式的直枪托设计。其选择脚架而放弃流行的枪榴弹加挂能力;全面传承了日本步兵精准射击至上的传统,可以说是日本枪械一贯的特色。但是其高达 3 900 美元的单价成本比美国 M16 高出 8 倍以上,更比 AK-47 高 16 倍,即使日后因量产降低成本,到平成 20 年的购买契约书的换算单价一把仍然需要 28 万日币(约 3 000 美元),也算是再次体现了日本自卫队武器高质低量的特征。

77 Vahan 突击步枪

▼Vahan 突击步枪枪托细节图

Vahan 突击步枪基本参数	
全长（枪托展开/折叠）：	920/725mm
总重：	3.85kg
枪管长度：	415mm
枪机种类：	杠杆延迟反冲式
发射速率：	800rpm
枪口初速：	1 000m/s
有效射程：	500~1 000m
供弹方式：	30 发 AK-47 弹匣
瞄准具型式：	机械瞄具、瞄准镜

77 Vahan 突击步枪

Vahan 突击步枪简介

Vahan 是由 Vahan S.Manasian 研制的一种突击步枪。

Vahan 突击步枪最早起源于 1952 年，其设计师 Vahan S.Manasian 是一名苏联士兵。该枪曾以 MBC-2（МБС-2）的名义被苏联军队测试，在测试期间发现其弹速比 AK-47 更高，意味着 Vahan 的渗透能力比 AK-47 更胜一筹。尽管如此，此枪最终还是没有被采用，大概是由于其使用的杠杆延迟反冲作用并不比使用长行程导气式活塞原理的 AK 步枪可靠。

在 1992 年，设计师把 Vahan 突击步枪改为 5.45×39mm 口径并试图向亚美尼亚军队推销，但直到 2009 年仍未有进展。

▼ Vahan 突击步枪瞄准镜细节图

▼ Vahan 突击步枪弹匣细节图

▼ Vahan 突击步枪枪管细节图

Vahan 突击步枪发射 5.45×39mm 小口径步枪弹，并以 AK-74 式的 30 发弹匣供弹（也能与 RPK-74 的 45 发长弹匣通用）。该枪能对应 GP-25/30 下挂式榴弹发射器、刺刀和通过位于机匣左侧的瞄准镜座安装各种瞄准镜。该枪的保险装置为杠杆形式，它位于扳机护环内侧。与大多数突击步枪不同，Vahan 采用了比较少见的杠杆延迟反冲原理（类似设计的还有法国的 FAMAS）。这种设计的优点为简单、成本低廉，并且能减少后坐力。然而它却不比使用气动式原理运作的枪械可靠，尤其是在恶劣环境之下。

78 STG-940 突击步枪

▼ STG-940 突击步枪细节图

STG-940 突击步枪基本参数	
全长：	920mm
枪管长度：	415mm
弹药：	5.56×45mm NATO
	5.45×39mm M74
枪机种类：	长行程导气式活塞、滚转式枪机
发射速率：	600rpm
供弹方式：	30 发弹匣
瞄准具形式：	机械瞄具

78 STG-940 突击步枪

STG-940 突击步枪简介

STG-940 发射北约的 5.56×45mm 枪弹，并主要供出口。

▼ STG-940 突击步枪

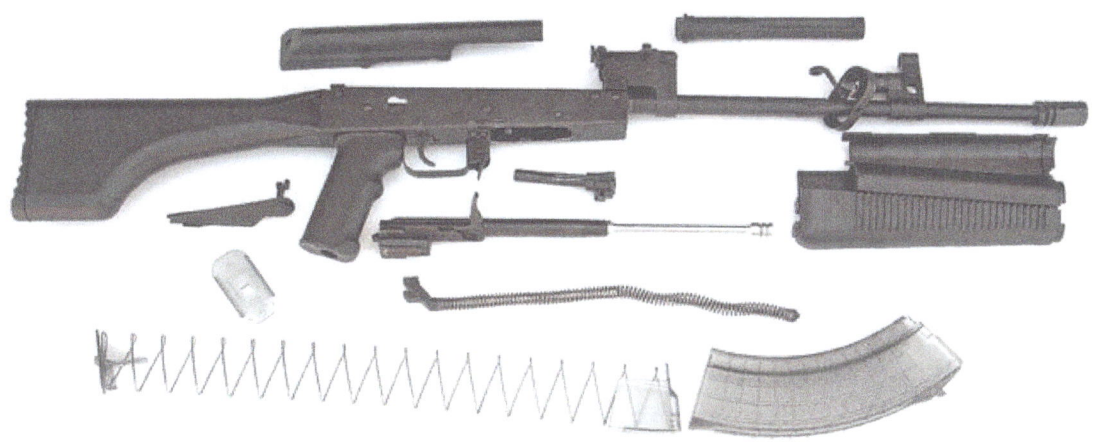

STG-940 是前东德在 20 世纪 80 年代研制出来的，当时东德获得来自苏联的生产许可和技术支持，能够自行生产 AK 步枪。然而，协议中却规定了东德生产的 AK-74 只能自用，不得出口。为了避开此条款，东德决定把他们仿制的 AK-74 的口径改为 5.56×45mm，再包装成其他的步枪用于出口。后来在两德统一后，德国联邦国防军对 STG-940 进行测试，但却没有正式采用。德国政府还停止了 STG-940 的生产及出口，并销毁了已经生产出来的 STG-940。除了少部分 STG-940 及其钢制弹匣被作为军剩物资出售外，绝大多数的 STG-940 都没有留存下来，因此现在难以寻找其踪迹。

▼ STG-940 突击步枪完整图

79 SR-88 突击步枪

▼SR-88 突击步枪枪托细节图

SR-88 突击步枪基本参数	
全长：	912mm
总重：	3.68kg
枪管长度：	460mm
枪机种类：	长行程导气式活塞滚转式枪机
口径：	5.56mm
枪口初速：	970m/s
发射速率：	750rpm
有效射程：	400~500m
供弹方式：	20、30 发 STANAG 弹匣
瞄准具型式：	机械瞄具

79 SR-88 突击步枪

SR-88 突击步枪简介

▼ SR-88 突击步枪枪管细节图

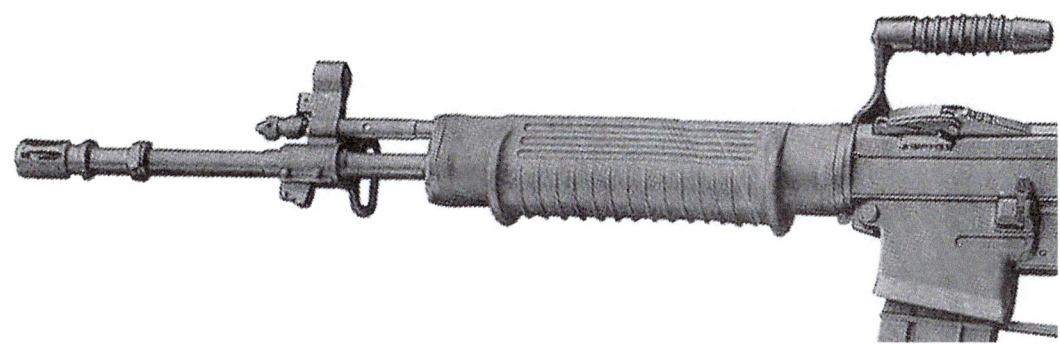

▼ SR-88 突击步枪枪口细节图

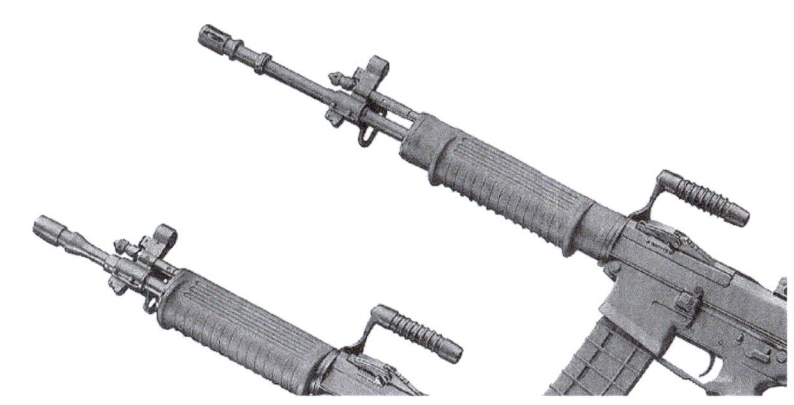

SR-88 是由新加坡特许工业公司研制的一种 .223in 口径的突击步枪，其设计源自前身 SAR 80 突击步枪。尽管新加坡武装部队早已用更先进的 SAR 21 突击步枪取代 SR-88，但至今仍有一些国家装备这种武器。

基于 SAR-80 销量不佳的原故，CIS 想出了一个改进设计，此为 SR 88。SR 88 采用了部分继承自其前身的零件及机制，并能够对应 STANAG 弹匣和 C-Mag 弹鼓。不久他们推出了一个称为 SR 88A 的衍生型，该型改用了由高品质材料制造的枪托及护木。

SR 88 采用长行程活塞导气式和滚转式枪机的设计，该系统具有 3 个位置的气体调节器，并可根据不同情况进行适当调整。

其枪管上附有消焰器，用于降低枪口焰，同时可担任枪榴弹发射器的角色。

此枪的下机匣为铝制品，上机匣以冲压钢板制成，其枪托、握把及护木部分全部由塑料制成。

SR 88 的标准枪托为固定式，但另有向侧折叠的枪托可以选择，向侧折叠的提把位于机匣的前端。

80 SR-47 突击步枪

▼SR-47 突击步枪枪口细节图

SR-47 突击步枪基本参数	
全长（枪托展开/折叠）：	826/724mm
总重：	3.52kg
弹药：	7.62×39mm
枪机种类：	直接导气式，转栓式枪机
枪口初速：	710m/s
供弹方式：	30 发弹匣
	AK-47/RPK 的所有弹匣、弹鼓

80 SR-47 突击步枪

SR-47 突击步枪简介

▼ SR-47 突击步枪弹匣细节图

SR-47 是由奈特军械公司（KAC）在 USSOCOM 的要求下以阿玛莱特枪族为基础开发的突击步枪。SR-47 沿用阿玛莱特的设计，发射 AK-47 的 7.62×39mm 子弹。

美军士兵在"持久自由"行动中指出，长时间执行任务时容易用尽 5.56×45mm 弹药，难以获得补充，但却能从战场上轻易缴获 7.62×39mm 弹药。因此 SR-47 直接沿用 M4 卡宾枪的枪机设计，发射 AK-47 的 7.62×39mm 子弹而非北约标准的 5.56×45mm 子弹。

KAC SR-47 项目最终取消，因为在伊拉克及阿富汗战场上的 7.62×39mm 弹药"很脏"，不同地方生产的 AK-47 弹匣公差太大，采用 AR-15 气动式枪机的 SR-47 出现供弹故障等问题。

▼ SR-47 突击步枪扳机细节图

九一一事件后，USSOCOM 的部队要求在作战时没有补给的情况下能够直接使用敌军留下的弹药，SOCOM 开发出一个基于 M16 设计但使用 AK-47 弹药的项目，类似 SPR-V。

当时有三家生产商提交样枪，即 Lewis Machine & Tool（LMT）、Robinson Armament 和奈特军械公司（KAC），之后剩下 Robinson Armament 的 RAV-02 卡宾枪及 KAC SR-47，最后 KAC 胜出。

SR-47 由奈特斯通纳步枪（Knight Stoner Rifle-SR）系列衍生而来，部分零件与 M16 相同，但为了发射 7.62mm 弹药，枪管及枪机组件被"放大"。SR-47 通用所有国家生产的标准 AK-47 弹匣。SR-47 配有由美国威斯康辛州 Obermeyer Barrel Co. 特制的枪管，可装上 KAC 特制的消声器。

SR-47 最终只生产了 7 把样枪，6 把交由 USSOCOM 作实战测试，剩余 1 把保留在奈特军械公司的军械展览馆。

SAR 80 突击步枪

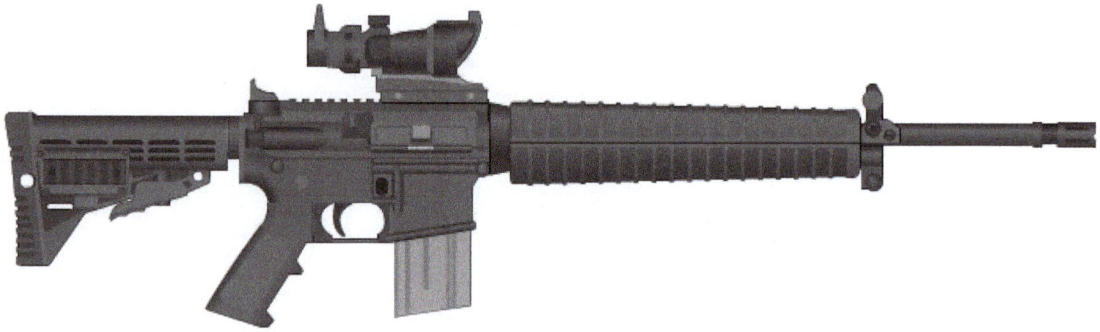

▼SAR 80 突击步枪细节图

SAR 80 突击步枪基本参数	
全长：	970mm
总重：	3.7kg
枪管长度：	459mm
口径：	5.56mm
枪机种类：	短行程活塞传动型气动式
发射速率：	600~800rpm
枪口初速：	940~970m/s
有效射程：	400m
瞄准具型式：	机械瞄具

81　SAR 80 突击步枪

SAR 80 突击步枪简介

　　SAR 80（英语全称为 Singapore Assault Rifle 80，意为 80 式新加坡突击步枪）是一款由新加坡国防企业新加坡特许工业公司（Chartered Industries of Singapore，CIS）在 20 世纪 80 年代后期自主研发和生产的传统型突击步枪，发射 5.56×45mm 北约口径制式步枪子弹。

▼ SAR 80 突击步枪细节图

　　在 20 世纪 60 年代后期，新加坡武装部队采用了美国 AR-15 的军用型 M16A1 作为其主要制式步枪。但由于出现了来自美国步枪的供应速度比较慢的问题，新加坡政府购买了特别权限并改在国内生产 M16 步枪，然后将其命名为 M16S1。然而国内的新加坡武装部队对于步枪的需求有限，并不足以让新加坡特许工业公司在经济上维持其步枪工厂的运营。而且由于许可协议的要求，新加坡又不能擅自出口 M16S1，新加坡特许工业公司虽多次不得不经过柯尔特公司和美国国务院的批准才允许出口，但后来的事实证明，该公司实际上接到的大多数生产订单都未获得批准。

　　为了维持公司的生产经营和谋求进一步发展，1976 年，新加坡特许工业公司决定开始研制自己的突击步枪，目的是既可以让新加坡军队采用，也可以用来出口。为了节省时间以尽快设计出成品，新加坡特许工业公司聘请了英国斯特林公司的工程师，由其主设计师弗兰克·沃特斯负责新步枪的研制工作。斯特林公司曾于 20 世纪 70 年代初研制出自己的 5.56mm 步枪，即史特林 SAR-87 突击步枪（LAR）。但当斯特林公司收购了美国设计的阿玛莱特 AR-18 突击步枪的特许生产许可并生产阿玛莱特 AR-18 突击步枪后，却将 LAR 搁置一旁。虽然此时斯特林公司在法律上已经没有 AR-18 的特许生产授权，但其 LAR 的设计仍然有着可以利用的价值。加上凭借着对 AR-18 的熟悉，这些英国人绕开了 AR-18 的专利为新加坡人设计了一种类似于 LAR 并具有一定 AR-18 元素的新型新加坡步枪。

　　第一款原型枪在 1978 年推出，样枪被送到新加坡陆军训练研究所步兵学校进行试验。根据试验中发现的弹匣供弹不顺等问题进行改进和再次试验，最终在 1984 年设计定型并开始生产，新加坡军队将其定型为 SAR 80。该枪除了在一定程度上被新加坡武装部队使用外，也出口到一些国家，包括斯洛文尼亚、斯里兰卡、索马里和克罗地亚。

82 Rk 95 TP 突击步枪

▼Rk 95 TP 突击步枪枪托细节图

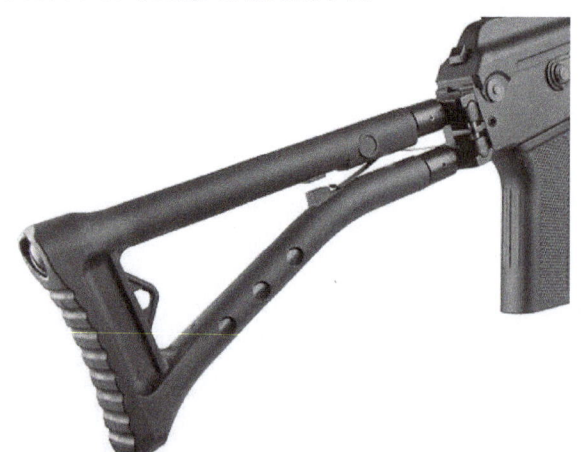

Rk 95 TP 突击步枪基本参数	
全长（枪托折叠/展开）：	670/930mm
枪管长度：	420mm
总重：	3.5kg
口径：	7.62mm
枪机种类：	长行程导气式活塞、转拴式枪机
供弹方式：	30 发弹匣
有效射程：	300m

82　Rk 95 TP 突击步枪

Rk 95 TP 突击步枪简介

M 95/7.62 RK 95 TP 步枪是芬兰国防军的制式 7.62×39mm 口径突击步枪，由萨科（SAKO）公司进行研发与生产。

▼ Rk 95 TP 突击步枪枪身细节图

Rk 95TP 步枪主要是针对 Rk 62 步枪的操作缺点与缺乏再进化的空间而衍生出的新设计。在弹药款式不改变的情况下，从 1988 年到 1990 年的时间内萨科进行对 Rk 62 步枪的再设计，并制造出原型枪——Rk 90 步枪。

其枪身机匣左侧增添保险与射击控制钮的拨杆，使射手得以使用右手大拇指拨动进行开保险和半自动/全自动射击模式的调整。

枪机拉柄重新设计成一个往上的仰角，原来的 Rk 62 步枪与 Rk 76 步枪的拉柄都是水平式的，好处是用金属削切就能加工制造成枪机与拉柄为一体，但是在使用上来说，射手必须用左手将新弹匣装入步枪，右手将枪面转水平朝左，枪口指向侧斜前方，于是左手握持前护木，右手的拳眼再去拉动拉柄，之后右手才会回到准备射击的握柄位置。Rk 95 步枪将拉柄改为上扬的角度，射手枪面左转 45 度，枪口朝上，左手直接横过枪面以拳眼推握拉柄朝后就可以完成待发状态。这个重新设计的拉柄节省了至少两个程序与动作，在激战中替官兵掌握更快的还击程序与节奏。此外，新的拉柄改为滚轴式，虽然在加工上增加了制作手续，但是对于射手而言操作变得更平顺、更人性化。

其照门改为滑动式，可依照距离 150、300 以及 400m 进行调整。Rk 90 步枪的照门同样采用可翻滚式（flip-up）的舰孔式（aperture）照门，附带有迷你氚瓶，因此当季节进入北极圈的永夜冬季或者光线转变为昏暗时，射手需依赖萤光指示对目标进行瞄准。

其管状枪托依照 SG 540 步枪的设计改为对折收纳式，绞链加装一个弹簧锁（latch）协助枪托展开后的定位。

Rk 90 步枪在芬兰军方进行测试后，根据测试结果又做了一些小幅度的改变。比较令人诧异的是，原来的左右开弓保险与射击控制钮被正式废除，三段式依距离可调照门被修改为 150m 与 300m 的两段式可调照门，延续原来 Rk 62 步枪的设计。在完成这些修正以后，Rk 90 步枪就正式投入量产，并且重新被芬兰陆军命名为 7.62 Rk 95 TP 步枪。